Franz Josef Brandhofer

Lateinische Texte besser übersetzen

MANZ VERLAG

2. Auflage 2005
Manz Verlag

Lektorat: Harald Kotlarz, Rottenburg
Herstellung: Karin Schmid, Baldham
Umschlaggestaltung: Weiss, Zembsch, Partner: Werkstatt München, München
Satz: Karin Schmid, Baldham
Druck: Druckhaus Beltz, Hemsbach
Printed in Germany

ISBN 3-7863-2606-1

Tipps zum Training mit diesem Buch

Dieses Buch bietet eine große Anzahl Texte, die unterschiedliche sprachliche Phänomene vorstellen. Das Angebot reicht von vereinfachten Texten bis hin zu Originaltexten lateinischer Klassiker. Damit eignet sich dieses Buch für Schülerinnen und Schüler aller Klassenstufen der Sekundarstufe I bis hin zur Vorbereitung auf das Latinum.

In dem Buch wird auf folgende Weise vorgegangen:
Zunächst wird ein Text vorgestellt und mit zahlreichen Vokabelerklärungen versehen.
Dann werden Besonderheiten und mögliche Schwierigkeiten herausgegriffen und erläutert.
In jedem Kapitel wird ein grammatisches Thema als Schwerpunkt behandelt. Der Text enthält dann meist zahlreiche Beispiele dazu.
Im hinteren Teil des Buches sind die Beispielübersetzungen zu den Übungstexten zu finden.

Die Symbole am Rand haben folgende Bedeutung:

Erläuterungen zum Wortschatz

Schwieriger Satzbau wird erklärt.

Bitte besonders beachten und merken.

Das Kapitel B enthält ausgewählte Originaltexte von Cicero, Cäsar oder Plinius, an denen die Übersetzungsfertigkeiten auf dem Niveau des Latinums geübt werden können.

Im Kapitel C werden im so genannten „Lateinlabor" die Textanalyse und die einzelnen Schritte zu einer gelungenen Übersetzung ausführlich vorgestellt.

Inhalt

Grammatische Fachbegriffe

Fachbegriff	**deutsche Entsprechung**	**Beispiele**
Ablativ (Abl.)	Der 6. Fall im Lat. muss im Dt. durch Präpositionen wiedergegeben werden	*cura vacare* – **von** Sorge frei sein *magno studio* – **durch** großen Eifer
Adjektiv	Eigenschaftswort	*puer **laetus*** – der **fröhliche** Bub
Adverb	Umstandswort	***vehementer** clamare* – **heftig** schreien
Akkusativ (Akk.)	Wen-Fall, 4. Fall	*puer**um** laudare* – **den** Bub loben
Aktiv (Akt.)	Tatform des Verbums	*roga**t** amicum* – er **fragt** den Freund
Attribut	Beifügung (zur näheren Beschreibung eines Substantivs)	*villa **patris*** – die Villa **des Vaters** *villa **ampla*** – die **geräumige** Villa
Apposition	substantivische Beifügung	*Romulus **rex*** – der **König** Romulus *Romulo, **regi** Romanorum* – Romulus, **dem König** der Römer
Dativ (Dat.)	Wem-Fall, 3. Fall	*amic**o** adesse* – **dem** Freund helfen
Deklination (Dekl.)	Beugung der Nomina nach Kasus, Numerus und Genus	*serv**um*** – **den** Sklaven *serv**os*** – **die** Sklaven *serv**am*** – **die** Sklavin
Demonstrativpronomen	hinweisendes Fürwort	***hic, ille, idem*** – **dieser, jener, derselbe**
Femininum (Fem., f)	weibliches Geschlecht eines Nomens	*serv**a** fid**a*** – **die** treue Sklavin
Futur (Fut.) I	Zukunftsform des Verbums	*mone**bit*** – er **wird mahnen**
Futur II / Futur exakt	vollendete Zukunft	*monu**erit*** – er **wird** gemahnt **haben**

Fachbegriff	**deutsche Entsprechung**	**Beispiele**
Genitiv (Gen.)	Wessen-Fall, 2. Fall	*domus amici* – das Haus **des Freundes**
Genus (G)	a) Geschlecht eines Nomens b) Handlungsrichtung eines Verbums	*domina* – **die** Herrin *aedificium* – **das** Gebäude *laudat* – er **lobt** (Aktiv) *laudatur* – er **wird gelobt** (Passiv)
Imperativ (Imp.)	Befehlsform des Verbums	*monstra!* – zeige!
Imperfekt (Impf.)	Präteritum = Vergangenheit, 1. Vergangenheit	*spectabat* – er schaute
Indefinitpronomen	unbestimmtes Fürwort	*aliquis* – irgendeiner
Indikativ (Ind.)	Wirklichkeitsform des Verbums	*spectaverat* – er **hatte** geschaut
Infinitiv (Inf.)	Grundform des Verbums	*venire* – **zu** kommen, kommen
Kasus (K)	Fall eines Nomens	*dominorum* – **der** Herren (Genitiv)
Kompositum	zusammengesetztes Wort	*praeter-ire* – **vorüber-gehen**
Konjugation (Konj.)	Beugung des Verbums nach Person, Numerus, Modus, Tempus, Genus	*laudabar* – **ich wurde gelobt** (1. P. Sg. Ind. Impf. Pass.)
Konjunktiv (Kj.)	Möglichkeitsform des Verbums	*taceat* – er **möge** schweigen
Konjunktion	Bindewort zwischen Haupt- und Gliedsätzen bzw. Satzgliedern	*cum* – als, da, weil *ut* – dass, damit *tamen* – trotzdem *sed* – aber, sondern *et* – und, auch
Maskulinum (Mask., m)	männliches Geschlecht des Nomens	*servus probus* – **der** tüchtige Sklave

Fachbegriff	deutsche Entsprechung	Beispiele
Modus	Aussageweise des Verbums	*specta**bat*** – er schau**te** (Ind.) *specta**ret*** – er **würde** schauen (Kj.) *specta**te**!* – schau**t**! (Imp.)
Neutrum (Neutr., n)	sächliches Geschlecht eines Nomens	*aedifici**um*** – **das** Gebäude
Nomen	Namenwort, Nennwort (jedes nach KNG deklinierbare Wort)	*dominus, domini* – der Herr *iustus, a, um* – gerecht *ille, illius* – jeder *duo, duae, duo* – zwei
Nominativ (Nom.)	Wer-Fall, 1. Fall	*domin**us** vocat* – **der** Herr ruft
Numerus (N)	Zahl beim Nomen bzw. Verbum	*serv**us** veni**t*** – **der** Sklave komm**t** (Sg.) *serv**i** veni**unt*** – **die** Sklaven komm**en** (Pl.)
Objekt	Sinnergänzung des Verbums	*exspecto **amicum*** – ich erwarte **den Freund**
Partikeln	nicht deklinierbare kleine Wörter	*ita* – so; *cum* – mit / wenn / als; *nunc* – jetzt
Passiv (Pass.)	Leideform des Verbums	*neca**tur*** – er **wird getötet**
Perfekt (Perf.)	vollendete Gegenwart, 2. Vergangenheit	*mon**uit*** – er **hat gemahnt**
Person (P.)	Bestandteil der Verbform, der anzeigt, von wem die Handlung ausgeht	*rog**o*** – **ich** frage (1. P.) *roga**s*** – **du** fragst (2. P.) *roga**t*** – **er / sie / es** fragt (3. P.)
Personal-pronomen	persönliches Fürwort	***ego / mihi / nobis*** – **ich / mir / uns**
Plural (Pl.)	Mehrzahl	*puer**i** clama**nt*** – **die** Kinder schrei**en**

Fachbegriff	**deutsche Entsprechung**	**Beispiele**
Plusquam-perfekt	vollendete Vergangenheit, 3. Vergangenheit	*lauda**verat*** – er **hatte gelobt**
Possessiv-pronomen	besitzanzeigendes Fürwort	*liber **meus*** – **mein** Buch
Prädikat (Präd.)	Satzaussage	*servi **laborant*** – die Sklaven **arbeiten**
Präposition	Verhältniswort	***post** villam* – **hinter** der Villa
Pronomen	Fürwort, Stellvertreter	*ego / meus / quis / se* – ich / mein / wer / sich
Reflexiv-pronomen	rückbezügliches Fürwort, bezieht sich auf das Subjekt des Satzes	*divitias **sibi** paravit* – er hat **sich / für sich** Reichtum erworben
Relativ-pronomen	bezügliches Fürwort	*imago, **quam** spectamus* – das Bild, **das** wir anschauen
Singular (Sg.)	Einzahl	*puell**a** canta**t*** – **das** Mädchen sing**t**
Subjekt (Sj.)	Satzgegenstand	***servus** laborat* – **der Sklave** arbeitet
Substantiv	Hauptwort, Namenwort	*servus, orator, res* – der Sklave, der Redner, die Sache
Tempus	Zeitstufe beim Verbum	*dona**t*** – er schenk**t** (Präs.) *dona**bat*** – er schenk**te** (Impf.) *dona**vit*** – er **hat ge**schenk**t**
Verbum	Zeitwort, Tätigkeitswort, Tunwort (wird konjugiert)	*laudare* – loben
Vokativ	Anredefall (= 5. Fall) im Lateinischen; im Deutschen = Nominativ	*Venite, Marc**e** et Claudi**a**!* – Kommt, Markus und Claudia!

A Grundkurs

1 Julius und Markus im Lateinunterricht

Gebrauch des Adjektivs

Stoff: a/o-Dekl.: Nom., Gen., Dat., Akk.; Subst., Adj.
a/e-Konj., *esse, posse:* 3. P. Sg. / Pl. Ind. Präs. Akt.; Infinitiv

Iulius et Marcus amici boni sunt: Iam diu student linguam Latinam memoriae mandare. Non semper studium linguae Latinae pueris placet. Imprimis copia vocabulorum nonnullas insidias parat. Itaque plerumque solliciti sunt, cum magister severus cottidie verba, substantiva, adiectiva, particulas probat.

Et non solum vocabula, sed etiam formulas vocabulorum et sententias probat velut: Claudius sedulus est; Claudia sedula est; Marcus et Claudia seduli sunt; Marcus Claudiae amicae librum dat; Marcus amicis libros dat; magister liberis libros explicat ... Non cuncti liberi recte respondere possunt; sed Iulius saepe gaudere potest, quod magnam operam dat et magistro recte respondet. Nam scientiae cupidus est et magistrum saepe delectat. Sed Marco fortuna non tam prospera est quam Iulio.

2 ***memoriae*** (Dat.) ***mandare*** – dem Gedächtnis anvertrauen, lernen; ***placere*** – gefallen; 3 ***insidiae, arum*** – Nachstellungen, Fallen, Tücken; 4 ***sollicitus, a, um*** – aufgeregt; ***severus, a, um*** – streng; 5 ***probare*** – billigen, gutheißen, prüfen; 6 ***formula, ae*** – Form; 7 ***sedulus, a, um*** – fleißig; 9 ***explicare*** – erklären; 11 ***scientiae cupidus*** – begierig des Wissens = wissbegierig; ***delectare*** – erfreuen; 12 ***prosper, era, erum*** – günstig gesinnt

Die Einteilung der Nomina nach Deklinationsgruppen erfolgt nach dem Stammauslaut. Diesen erkennst du am besten, wenn du vom Gen. Pl. die Endung *-rum* abstreichst, also z. B.

(*amicus* – der Freund) *amico-rum*, (*liber* – das Buch) *libro-rum*: **o-Dekl.**

(*lingua* – die Sprache) *lingua-rum*: **a-Dekl.**

Zur o-Dekl. gehören alle Wörter auf *-us*, *-i* (z. B. *dominus, domini*) sowie Substantive wie *puer, pueri* (der Bub, Junge) oder *ager, agri* (das Feld, der Acker), ebenfalls die Neutra auf *-um, -i* (z. B. *verbum, verbi* – das Wort).

Die Substantive der a-Dekl. enden im Nom. Sg. immer auf *-a*, im Gen. Sg. auf *-ae* (z. B. *villa, villae*).

Merke dir die Regel für das **Neutrum**: **Alle** Nominalformen (Subst., Adj., Pron.) im Neutrum haben im **Nom. und Akk.** die gleiche Endung, im **Nom. / Akk. Pl.** ist die Endung immer ***-a***.

Gebrauch des Adjektivs

a)	*Marcus*	*sedulus*	*laborat.*	Der fleißige Markus arbeitet.
	Claudia	*sedula*	*laborat.*	Die fleißige Claudia arbeitet.
	(Subst.)	(Attr.)		

Wird ein Adjektiv als Attribut (Beifügung auf die Frage „was für ein / welcher?") verwendet, richtet es sich im **K**asus, **N**umerus und **G**enus **(KNG)** nach dem dazugehörigen Substantiv.

b)	*Marcus*	*sedulus*	*est.*	Markus ist fleißig.
	Claudia	*sedula*	*est.*	Claudia ist fleißig
	Liberi	*seduli*	*sunt.*	Die Kinder sind fleißig.
	Marcus et Claudia	*seduli*	*sunt.*	Markus und Claudia sind fleißig.
		Prädikatsnomen	Hilfsverb	
		= Prädikat		

Wird ein Adjektiv als notwendige Ergänzung für ein Hilfsverb (z. B. *esse*) als sog. **Prädikatsnomen** verwendet, richtet es sich im Lateinischen (im Gegensatz zum Deutschen) im Kasus, Numerus und Genus **(KNG)** nach dem Subjekt. Bei Subjekten in verschiedenem Genus *(Marcus et Claudia)* geht Maskulinum vor Femininum.

2 Erste Schwierigkeiten

Abfragen des Satzes

Stoff: a/o-Dekl.: Vok., Abl.; Substantivierung der Adj.;
Personal- / Possessivpronomina
a/e-Konj., *esse, posse:* alle Personen, Fut. I

Marcus diu linguam Latinam non multum curat. Dum magister regulas magna diligentia explicat et liberis nonnulla de Romanis narrat, Marcus discipulos, imprimis puellas, ludis et iocis sollicitat. Saepe magister discipulos verbis severis vituperat et monet: „Este intenti, discipuli! Vos quoque, puellae, linguae Latinae studete! Et tibi, Marce, notam bonam dare non potero, nisi intentus eris et magno studio linguae Latinae studebis. Da igitur operam, auge scientiam parvam tuam, es intentus, delecta me studio tuo! Et Iulius tibi auxilium suum praebebit. Non ignoro, te amat et tibi, si necessarium est, auxilium suum non negabit. Ego quoque tibi viam asperam, sed certam ad praemium demonstrabo. Et tua opera et diligentia amici tui praemium tibi erit."

1 ***regula, ae*** – Regel; 2 ***diligentia, ae*** – Sorgfalt, Umsicht; ***explicare*** – erklären; 3 ***iocus, i*** – Scherz, Spaß; ***sollicitare*** – aufregen, ärgern; 4 ***severus, a, um*** – streng; ***vituperare*** – tadeln; ***intentus, a, um*** – aufmerksam; 6 ***operam dare*** – sich Mühe geben; 7 ***augere*** – vermehren, vergrößern; 8 ***auxilium praebere*** – Hilfe gewähren, anbieten; ***ignorare*** – nicht wissen, kennen; ***non ignorare*** (doppelte Verneinung = verstärkte Bejahung) – gut, genau wissen, kennen; 9 ***negare*** – verweigern; ***non negare*** – nicht verweigern, gerne geben; 10 ***asper, era, erum*** – rau, hart, schwierig; 11 ***praemium, i*** – Lohn, Erfolg

Der **Vokativ** ist überhaupt nicht schwierig, er ist nämlich grundsätzlich gleich dem Nominativ. **Ausnahme:** Bei den Substantiven der o-Dekl. auf *-us* hat der Vokativ im Sg. die Endung *-e*; weitere Sonderfälle sind in den Grammatiken angegeben.

Substantivierung der Adjektive:
Lateinische Adjektive können wie im Deutschen (z. B. die Guten, das Gute, alle, viele, das Schönste usw.) als Substantive gebraucht werden. Merke dir vor allem folgende Mengenangaben:

multi – viele	*multa* – vieles, viel	*multum* – viel
pauci – wenige	*pauca* – weniges, wenig	*paulum* – (ein) wenig
cuncti – alle	*cuncta* – alles	
nonnulli – einige	*nonnulla* – einiges, manches	

Bildung der Verbformen des Präsensstammes:

1. Vom Präsensstamm werden im Lateinischen das Präsens, Imperfekt und Futur I Aktiv und Passiv gebildet.

2. Den Präsensstamm der Verben der a/e-Konjugation erhält man, indem man vom Infinitiv die Endung *-re* abstreicht:

Infinitiv:	*curare*	Präsensstamm:	*cura*
	monere		*mone*

3. Zur Bildung des Ind. Präs. Akt. werden die Personalendungen
-o, -s, -t, -mus, -tis, -nt
unmittelbar an den Präsensstamm angehängt,
also: *laudo, laudas, laudat* etc., oder *moneo, mones, monet* etc.

Zur Bildung des Ind. Fut. I Akt. wird vor der Personalendung das Tempuszeichen ***-b-*** zusammen mit einem Bindevokal ***i*** bzw. ***u*** (ausgenommen 1. P. Sg.) eingefügt; daher gilt für die Bildung des Ind. Fut. I Akt.:
Präsensstamm + *-bo, -bis, -bit, -bimus, -bitis, -bunt*,
also: *lauda-bo, lauda-bis* etc., *mone-bo, mone-bis* etc.

4. Für die entsprechenden Formen von *esse* und *posse* gibt es in der Grammatik eigene Tabellen.

Wenn im lateinischen Satz der **Ablativ** ohne Präposition steht (sog. bloßer Ablativ), kann er häufig mit folgenden Grundfragen bestimmt werden:

Marcus puellas ***iocis*** *sollicitat.*	Markus ärgert die Mädchen **mit** Späßen.
Marcus magistrum ***studio suo*** *delectat.*	Markus erfreut den Lehrer **durch** seinen Fleiß.
Marcus ***magna cura*** *vacat.*	Markus ist **von** einer großen Sorge frei.

Auf die Frage **womit, wodurch, wovon?** steht im Lateinischen der **bloße Ablativ**.

Abfragen des Satzes

Spätestens wenn alle Kasus behandelt sind, solltest du dich unbedingt an ein systematisches Abfragen des Satzes gewöhnen und dich nicht auf „intuitive" Lösungen verlassen.

	Magister	*discipulis*	*regulas*	*linguae*	*diligentia*	*explicat.*
Form	Nom. Sg.	Dat. Pl.	Akk. Pl.	Gen. Sg.	Abl. Sg.	3. P. Sg.
Frage	wer / was?	wem?	wen / was?	wessen?	womit?	was ist ausgesagt?
Übers.	Der Lehrer erklärt den Schülern die Regeln der Sprache mit Sorgfalt.					

Beachte:

1. Die Stellung des Prädikats ist im Lateinischen frei, meistens steht es am Satzende; im deutschen Aussagesatz muss das Prädikat immer das zweite Satzglied sein.

2. Bestimme beim Abfragen zuerst das Prädikat, dann das Subjekt und schließlich die restlichen Satzglieder.

3 Das Leben der alten römischen Bauern

Grammatisches / natürliches Geschlecht

Stoff: a/o-Dekl.: Besonderheiten
a/e-Konj., *esse, posse:* Ind. Impf. Akt.

1 Initia populi Romani parva erant. Romani olim agricolae probi, iusti, integri erant. Tota familia – feminae, liberi, nonnulli servi – summa industria agros curabat. Quamquam vita incolarum antiquorum Italiae molesta erat, tamen curis vacabant et grati erant, quod cibum necessarium sibi familiisque suis parare poterant. Paucis contenti erant et divitiis carebant. Itaque poetae clari Romanorum vitam primorum incolarum Italiae laudabant.
Romani antiqui erga deos deasque pii erant. Cum campus laetus caelumque bonum erat, dis et deabus immolabant, statuas, templa, simulacra deorum dearumque aedificabant. Saepe orabant: „Di boni, semper nos adiuvabatis, si necessarium erat, et nos vobis numquam ingrati eramus. Adiuvate nos, arcete inopiam miseriamque! Vobis semper grati erimus."
Haud raro piratae mali agricolis imminebant et magnam praedam asportare et terram spoliare temptabant. At Romani numquam desperabant, iterum atque iterum audacia pericula superabant.

1 ***probus, a, um*** – tüchtig; ***integer, gra, grum*** – untadelig, anständig; 2 ***totus, a, um*** – ganz; ***industria, ae*** – Fleiß, Eifer, Einsatz; 3 ***molestus, a, um*** – lästig, beschwerlich; 4 ***cibus, i*** – Speise, Nahrung; 5 ***contentus, a, um*** – zufrieden (weitere Frage: womit?); ***carere*** – eig. frei sein (Frage: wovon?), nicht haben, entbehren; 7 ***erga*** (Präposition) mit Akk. – gegen, gegenüber; ***laetus, a, um*** – fröhlich, froh; blühend; ***caelum, i*** – Himmel; Klima; 8 ***immolare*** – opfern; 12 ***haud raro*** – nicht selten; ***asportare*** – wegschaffen; 13 ***spoliare*** – berauben, plündern; ***desperare*** – verzweifeln, die Hoffnung aufgeben

Grammatisches / natürliches Geschlecht

Grundsätzlich haben die Substantive der **a**-Dekl. **weibliches**, die Subst. der **o**-Dekl. **männliches** Geschlecht **(grammatisches Genus)**. Abweichend davon haben verschiedene Substantive (z. B. Eigennamen, Berufsbezeichnungen, Völkernamen) das sog. **natürliche Genus**, d. h. das Geschlecht, das dem Begriff „von Natur aus" eigen ist, wie z. B.:

agricola probus	der tüchtige Bauer
poeta clarus	der berühmte Dichter
multi incolae	viele Bewohner
pirata malus	der böse Seeräuber

Sonderformen bei *deus* und *dea*:
di boni (= Nom. / Vok. Pl.)
dis et deabus (= Dat. Pl.)

Bei der Konjunktion *-que* ist immer zu beachten:
Die **an** ein Wort **angehängte** Konjunktion *-que* ist gleichbedeutend mit einem **vor** dem Wort **stehenden** *et*: *inopia miseria**que*** = *inopia **et** miseria*

Die Verbformen des Ind. Impf. Akt. werden mit dem Tempuszeichen ***-ba-*** gebildet. Die Personalendung für die 1. P. Sg. ist hier ***-m***. An den Präsensstamm treten also beim Ind. Impf. Akt. die Endungen:

-bam, -bas, -bat, -bamus, -batis, -bant.

Für *esse* und *posse* findest du wieder eigene Tabellen in der Grammatik.

4 Die Arbeit auf dem Landgut

Die Präposition *in*

Stoff: a/o-Dekl.: alle Kasus; a/e-Konj., *esse, posse:* Präsensstamm; Präposition *in*

Paucis viris populi Romani magnae divitiae erant. Nonnulli villam amplam et multos servos servasque possidebant. In villa dominorum opulentorum et servi et agricolae liberi laborabant. Vilicus domini operam servorum agricolarumque curabat. Mane vilicus servis imperat: „Hodie frumentum in villam portabimus. Parate magna diligentia vehicula nostra et cuncta instrumenta necessaria! Dominus noster nos in agro visitabit et operam meam vestramque probabit. Si opera nostra contentus erit, nobis certe praemium amplum dabit."

Profecto dominus in agros migrat et studium industriamque servorum in agris laudat et gaudet, quod servi tam amplam copiam frumenti in horrea portabunt.

1 ***amplus, a, um*** – weit, geräumig, ansehnlich; 2 ***possidere*** – besitzen; ***opulentus, a, um*** – reich, wohlhabend; 3 ***vilicus, i*** – Verwalter; 4 ***mane*** – am Morgen; ***frumentum, i*** – Getreide; 5 ***vehiculum, i*** – Fahrzeug; ***instrumentum, i*** – Gerät, Werkzeug; 9 ***migrare*** – wandern, gehen; 10 ***horreum, i*** – Vorratskammer, Speicher, Scheune

Pluralwörter:
Einige Substantive kommen im Lateinischen nur im Plural vor, z. B.:

divitiae, arum	der Reichtum, die Schätze
insidiae, arum	der Hinterhalt, der Anschlag, die Falle, die Nachstellungen

Natürlich steht das Prädikat, wenn solche Substantive Subjekt sind, ebenfalls im Plural, auch wenn man sie im Deutschen mit dem Singular übersetzt.

Wenn das Hilfsverb *esse* mit dem Dativ der Person verbunden ist, bedeutet dies, dass dieser Person etwas „gehört, zu eigen ist" bzw. dass diese Person etwas „besitzt". Es gibt daher zwei Möglichkeiten der Übersetzung:

a) *esse* = zu eigen sein, gehören:
lateinische Konstruktion = deutsche Konstruktion

b) *esse* = besitzen: Der lateinische Dativ wird im Deutschen Subjekt, der lateinische Nominativ (= Sj.) wird im Deutschen zum Objekt im Akk.

Beispiel: *Paucis viris* (Dat.) *divitiae* (Nom.) *erant.*

a) Wenigen Männern war Reichtum zu eigen (= gehörte Reichtum).

b) Wenige Männer besaßen Reichtum.

Die Präposition *in*

Unterscheide bei der Präposition *in* genau, mit welchem Kasus sie verbunden ist:

in agrum	**(Akk.)**	auf das Feld (Frage: **wohin?**)
in villam	**(Akk.)**	in die Villa (Frage: **wohin?**)
in agro	**(Abl.)**	auf dem Feld (Frage: **wo?**)
in villa	**(Abl.)**	in der Villa (Frage: **wo?**)

Auf die Frage **wohin?** steht im Lateinischen *in* mit dem Akkusativ, auf die Frage **wo?** dagegen *in* mit dem Ablativ.

5 Schulbetrieb in Rom

Zeitangaben im Akkusativ bzw. Ablativ

Stoff: doppelter Akkusativ; Zeitangaben im Akk. und Abl.

Primis annis vitae pater materque liberos educabant. Imprimis industriam, modestiam, reverentiam deorum pueros puellasque docebant.

Si familia opulenta non erat, liberi septimo fere anno ludum litterarium visitare poterant. Magistri ludi litterarii plerumque servi vel liberti erant. Quod divitiis, imprimis autem fama bona carebant, honesti non erant. Mirum non est, si discipuli magistros inhonestos putabant. Itaque discipulos multis horis iuvabat magistrum superbia tractare. Magister autem pueros interdum plagis tantum coercere poterat.

In ludo litterario magistri multas horas studebant discipulos formas litterarum docere; praeterea discipuli iterum atque iterum auxilio digitorum numerare debebant.

1 ***educare*** – erziehen; 2 ***modestia, ae*** – Bescheidenheit, Zurückhaltung; ***reverentia, ae*** – Achtung, Ehrfurcht; 3 ***septimus, a, um*** – der Siebte; ***fere*** – fast, beinahe, etwa; ***ludus litterarius*** – Grundschule; 4 ***libertus, i*** – Freigelassener (ehemaliger Sklave); 5 ***fama, ae*** – Ruf; ***carere*** mit Abl. – entbehren, nicht haben; ***honestus, a, um*** – geachtet; 7 ***tractare*** – behandeln; 8 ***plaga, ae*** – Schlag, Hieb; ***coercere*** – zügeln, unter Kontrolle halten; 10 ***praeterea*** – außerdem; ***digitus, i*** – Finger

Pater filium modestiam docet. (vereinfachtes Beispiel nach Z. 1 / 2)
Das Verbum *docere* kann zwei Akkusativobjekte bei sich haben, und zwar ein Akk.-Obj. der **Person** („Der Vater lehrt **den Sohn**") und ein Akk.-Obj. der **Sache** („Der Vater lehrt **Zurückhaltung**"); beide Akk.-Obj. können dann kombiniert werden: „Der Vater lehrt den Sohn die Zurückhaltung."

Discipuli magistros inhonestos putabant. (6)
Eine Reihe von Verben hat ein Akk.-Obj. in Verbindung mit einem darauf bezogenen Prädikatsnomen (Subst. oder Adj.) bei sich. Dieses Prädikatsnomen wird häufig durch „als, für, zu" mit dem Objekt verbunden.

Unser Beispiel: Die Schüler hielten die Lehrer **für** ungeachtet / niedrig.

Weitere Beispiele:

Puto / existimo / iudico te amicum.	Ich halte dich **für** einen Freund.
Nomino / appello / voco te amicum.	Ich bezeichne dich **als** Freund.
Marcus sedulum se praebebat.	Markus zeigte / erwies sich **als** fleißig.
Creo te socium meum.	Ich wähle dich **zu** meinem Kameraden.

Zeitangaben im Akkusativ bzw. Ablativ

multis horis (**bloßer Ablativ**)	in vielen Stunden (Frage: **wann?**)
multas horas (**bloßer Akkusativ**)	viele Stunden lang (Frage: **wie lange?**)

Auf die Frage **wann?** steht im Lateinischen der **bloße Ablativ,** auf die Frage **wie lange?** der **bloße Akkusativ**.

6 Das Forum Romanum

Präpositionen

Stoff: a / e-Konj.: Perf. Akt. auf -v; *esse*: Perf. Akt.; Präpositionen

Hodie Iulius et Marcus gaudent, quod magister nuntiavit: "Vobis forum Romanum antiquum demonstrabo et nonnulla de monumentis aedificiisque fori narrabo. Nam industria vestra me magno gaudio implevistis.
Spectate ad tabulam! Locus inter Capitolium et Palatium olim paludosus et domicilio humano prosper non fuit. A septimo fere a.Chr.n. saeculo Romani incohaverunt loca, ubi hodie reliquias fori antiqui videmus, siccare; ibi, ubi tum sepulcra mortuorum erant, vias, casas, templa, quin etiam cloacam aedificaverunt.
Spectate nunc a Capitolio in forum! Medium per forum via Sacra est, secundum viam Sacram basilica Iulia templumque C. Iulii Caesaris sunt, post basilicam tres columnae templi Castoris restant, patroni patriciorum Romanorum. Prope templum Castoris et ante atrium Vestae fons Iuturnae est. Aqua Iuturnae Romanis sacra erat. Sub Capitolio columnas templi Saturni videtis, ante templum rostra. Prope rostra primum documentum linguae Latinae sub terra iacet, lapis niger. A Capitolio usque ad curiam comitium pertinet. Post curiam Caesar, Nerva ceterique viri clari fora sua aedificaverunt. Spatium inter curiam et basilicam Aemiliam Romani Argiletum nominaverunt. Hic porta Iani fuit."

4 ***paludosus, a, um*** – sumpfig; 5 ***domicilium, i*** – Wohnsitz; 6 ***incohare*** – anfangen, beginnen; ***reliquiae, arum*** – Überreste; ***siccare*** – trocken legen; 7 ***sepulcrum, i*** – Grab; ***quin etiam*** – ja sogar; ***cloaca, ae*** – Kanal; 11 ***columna, ae*** – Säule; ***restare*** – übrig sein; 12 ***fons*** – Quelle; 14 ***rostra, orum*** – Rednerbühne; 15 ***lapis niger*** – der schwarze Stein; 16 ***comitium, i*** – Versammlungsplatz; ***pertinere*** – sich erstrecken; 17 ***spatium, i*** – Zwischenraum, Zeitraum

Die meisten Verben der a-Konj. sowie einige Verben der e-Konj. *(delere, flere, implere, explere)* bilden den Perfektstamm, indem an den Präsensstamm ein *-v-* angehängt wird:

nuntiare	Präs. Stamm: *nuntia*	Perf.-Stamm:	*nuntiav*
implere	" : *imple*	Perf.-Stamm:	*implev*

An den Perfektstamm treten nun die Personalendungen für das Perfekt Aktiv:
-i, -isti, -it, -imus, -istis, -erunt,
also: *nuntiavi, nuntiavisti* etc.; *implevi, implevisti* etc.

Das Hilfsverb *esse* hat den Perfektstamm *fu*; also: *fui, fuisti* etc.

Präpositionen

Die meisten lateinischen Präpositionen haben bestimmte Kasus (Akk. / Abl.) bei sich:

Präpositionen mit Akk.

ad	zu, an, bei
ante	vor
erga	gegen, gegenüber
inter	zwischen, unter
per	durch, hindurch, mit Hilfe von
post	nach, hinter
prope	nahe bei, bei
propter	wegen
secundum	entlang, gemäß, entsprechend
usque ad	bis zu

Präpositionen mit Ablativ

a, ab	von (häufig beim Passiv), seit
cum	mit
de	von … herab, von, über
e, ex	aus, seit
pro	für, an Stelle von
sine	ohne

Präpositionen mit Akkusativ oder Ablativ

in mit Akkusativ (Frage: **wohin?**):	*in villam*	in die Villa
	in templum	in den Tempel
	in forum	auf den Marktplatz
	in Italiam	nach Italien
in mit Ablativ (Frage: **wo?**):	*in villa*	in der Villa
	in templo	im Tempel
	in foro	auf dem Marktplatz
	in Italia	in Italien

Entsprechendes gilt auch für die Präposition *sub* (= unter):

sub terram (**wohin?**):	unter die Erde
sub terra (**wo?**):	unter der Erde

7 Die Wasserversorgung in Rom

Geschlossene Wortstellung

Stoff: **3. Dekl. (r-Stämme); Plusquamperf. Akt. / Pass.; Apposition; geschlossene Wortstellung**

Sexto Frontino, auctori libri clari de aquis Romae, cura aquarum ab imperatore Nerva mandata erat. Officium curatorum aquarum erat aedificia aquarum conservare, cunctos ministros curatoris observare, discordias privatorum iudicare, cum inter se propter fontes aquarum certabant. Quod Frontinus officium sibi mandatum summa diligentia expleverat, apud imperatores in magno honore erat.

In libro summa scientia scripto multa de aquis Romae nobis narrat. Post Romam conditam Romani multos annos aquis a natura datis contenti fuerant, velut aqua Tiberis fluvii vel puteorum vel fontis Iuturnae. Numerus enim incolarum parvus fuerat, Roma nondum aedificiis amplis, velut thermis, ornata erat, postremo vita cottidiana luxuria vacaverat. Quod autem aqua fontis Iuturnae, ut incolae antiqui putabant, aegros morbis doloribusque vexatos sanare poterat, Romanis antiquis mos fuerat Iuturnae, sorori clarae Turni regis, summum honorem praestare.

De Turno, fratre Iuturnae, mox nonnulla vobis narrabo.

1 ***aquae, arum*** – Quellen, Wasserleitung; ***cura, ae*** – hier: Verwaltung, Leitung; 2 ***curator, oris*** – Leiter, Verwalter; 4 ***privati, orum*** – Privatleute; ***fons, fontis*** – Quelle; 8 ***conditus, a, um*** – gegründet; ***post Romam conditam*** – („nach dem gegründeten Rom") nach der Gründung Roms; 9 ***Tiberis, is*** – der Tiber (zweitlängster Fluss Italiens, an dem Rom liegt); ***puteus, i*** – Brunnen; 12 ***morbus, i*** – Krankheit; 14 ***praestare*** mit Akk. – leisten, erweisen, erfüllen

Das Plusquamperfekt Aktiv wird vom Perfektstamm gebildet (→ Kap. 6, W); die Endungen lauten:

-eram, -eras, -erat, -eramus, -eratis, -erant,

also: ***laudav-eram, laudav-eras, monu-eram*** etc.

Im Deutschen wird das Plusquamperfekt Aktiv mit den Imperfektformen der Hilfsverben **sein** bzw. **haben** + Partizip Perfekt Passiv (= Partizip II = Mittelwort der Vergangenheit) gebildet:

*exple**verat***	er **hatte** erfüllt
*fu**erat***	er **war** gewesen

Das Plusquamperfekt Passiv wird im Lateinischen und Deutschen aus dem Partizip Perfekt Passiv und dem Imperfekt des Hilfsverbs *esse* (sein) zusammengesetzt:

mandatum ***erat***	es **war** aufgetragen (worden)

... Frontini, auctori libri claro ... (1)

Zu den substantivischen Attributen zählt auch die Apposition. Sie wird durch Komma vom Bezugswort abgetrennt und steht im gleichen Kasus wie das Bezugswort:

Frontinus, auctor libri clari, ... – Frontinus, **der** Verfasser eines berühmten Buches

Frontino, auctori libri clari, ... – (dem) Frontinus, **dem** Verfasser " "

de Frontino, auctore libri clari, ... – über Frontinus, **den** Verfasser " "

Geschlossene Wortstellung

Ein Substantiv kann häufig durch ein Attribut in Form eines Partizips näher bestimmt werden, wobei beim Partizip selbst noch weitere Angaben möglich sind. In der Regel lautet dann die lateinische Wortstellung

Substantiv	– nähere Angaben –	**Partizip**
liber	*summa scientia a Frontino*	***scriptus***

Diesen vom Substantiv und Partizip (KNG-Regel beachten) gleichsam eingerahmten Ausdruck nennt man daher auch **geschlossene Wortstellung.**

Übersetzungshilfe:

Beispiel: ***liber*** *a Frontino magna scientia* ***scriptus***

1. Übersetze zuerst das Substantiv und das dazugehörige Partizip:
„das geschriebene Buch"

2. Füge die zwischen Substantiv und Partizip stehenden Angaben im Deutschen zwischen Artikel und Partizip ein:
„das von Frontinus mit großem Wissen geschriebene Buch"

3. Vermeide den schwerfälligen deutschen Ausdruck durch die Verwendung eines Relativsatzes:
„das Buch, das von Frontinus mit großem Wissen geschrieben ist"

Nach dem gleichen Verfahren kannst du weitere Beispiele aus dem Text üben:

officium sibi mandatum

in libro summa scientia scripto

aquis a natura datis

aegros morbis doloribusque vexatos

8 Äneas und Turnus

Bildungsmöglichkeiten des Perfekt-Aktiv-Stamms

Stoff: 3. Dekl. (r- / c- / t- / n-Stämme): Besonderheiten; Konjugationen: verschiedene Perfektbildungen

Aeneas, dux clarus Troianorum, in itineribus suis labores duros sustinuit, magnas calamitates hominum carorum vidit, socios e multis periculis duxit. Postquam multos annos per aequora vasta agitatus est et post longos errores tandem in Italiam venit, finis laborum nondum fuit. Nam pugna dura cum Latinis, incolis terrae, imprimis cum Turno, rege firmo Rutulorum et socio Latini regis, Troianis imminuit. Praeterea Aeneas iram Turni auxit, quod rex Rutulorum amore Laviniae, filiae Latini, ardebat, Lavinia autem a dis Aeneae uxor destinata erat. Mirum non est, si Turnus iram retinere non potuit et odio Aeneae arsit. Sed Turnum, etsi auxilio comitum suorum multis Troianis necem malam paraverat, fortuna belli non adiuvit.

2 ***videre*** – hier: erleben, mitmachen; 4 ***finis, is*** – Ende; ***nondum*** – noch nicht; 7 ***amor Laviniae*** (Gen.) – übersetze: Liebe zu Lavinia; 8 ***destinare*** – bestimmen; 9 ***odium Aeneae*** (Gen.) – übersetze: Hass auf Äneas; ***etsi*** – wenn auch, auch wenn

Die Substantive der 3. konsonantischen Deklination (Stamm endet auf einem Konsonanten) kommen in allen drei Genera vor. Neben dem grammatischen Genus einer Stammgruppe musst du folgende häufige Ausnahmen beachten (in erster Linie das sog. natürliche Genus):

Stamm	grammat. Genus	Ausnahmen
r	m	mater, matris **f** (Mutter), uxor, uxoris **f** (Frau, Ehefrau), soror, sororis **f** (Schwester), mulier, mulieris **f** (Frau), arbor, arboris **f** (Baum), aequor, aequoris **n** (Fläche, Meer), os, oris **n** (Mund, Gesicht)
c / t	f	rex, regis **m** (König), miles, militis **m** (Soldat), dux, ducis **m** oder **f** (Führer / Führerin), comes, comitis **m** oder **f** (Gefährte / Gefährtin)
n	f	homo, hominis **m** (Mensch), sermo, sermonis **m** (Gespräch, Sprache), ordo, ordinis **m** (Ordnung, Stand)

Sonderformen: senex, senis **m** (alter Mann), iter, itineris **n** (Reise, Weg, Marsch, Fahrt)

Bildungsmöglichkeiten des Perfekt-Aktiv-Stamms

Die Verben aller Konjugationen findest du in deiner Grammatik in der Regel danach gruppiert, wie sie den Perfekt-Aktiv-Stamm bilden.
Die häufigsten Perfektbildungen sind:

v-Perfekt	u-Perfekt	s-Perfekt	Dehnungsperfekt	Reduplikation
spectav-i	*paru-i*	*ars-i*	*vid-i*	*ded-i*
delev-i	*potu-i*	*aux-i*	*adiuv-i*	*stet-i*
audiv-i	*fu-i*	*dux-i*	*ven-i*	*respond-i*
		rex-i	*fec-i*	
		dix-i	*reliqu-i*	

9 Turnus und Latinus im Gespräch

Unabhängige Wort- und Satzfrage

Stoff: Unabhängige Wort- und Satzfragen

Turnus calamitate laboribusque suorum motus Latinum regem oravit et dixit: „Milites nostri pugnis duris valde vexati sunt. Quot et quantos labores doloresque toleraverunt? Quod fatum asperum nos manebit, si Troiani victores erunt? Quam salutem sperare possumus? Immola igitur dis, fac foedus cum Troianis! Paratus sum pro nobis cunctis cum duce inimicorum pugnare. Aut dextra mea Aeneam necabo inque Tartarum iactabo aut Aeneae, si victor erit, Lavinia uxor erit."
Ad verba Turni Latinus respondit: „Turne, virtute fortitudineque cunctos homines superas. A patre tuo regnum amplum tibi datum erat. Tu regnum tuum multis proeliis secundis auxisti. Quamquam di magni duci Troianorum Laviniam uxorem destinaverunt, voluntati sacrae deorum nondum parui. Itaque auctor multorum laborum magnaeque calamitatis comitum tuorum meorumque sum. Nonne satis dolorum et crudelitatis vidimus? Num mihi seni misero destinatum erit cunctos meos necatos videre? Possumusne miseriam populorum nostrorum tolerare? Oro imploroque te: Supera iram tuam et vita pugnam cum Aenea!"

1 ***sui, suorum*** (substantivisch) – die Seinen, seine Leute; 3 ***fatum, i*** –Götterspruch, Schicksal; 4 ***fac foedus!*** – schließe ein Bündnis!; 6 ***dextra, ae*** – die rechte Hand, die Rechte; ***Tartarus, i*** – der Tartarus (Unterwelt); 10 ***secundus*** – günstig, erfolgreich; 15 ***implorare*** – anflehen

Unabhängige Wort- und Satzfragen

1. Als Wortfragen bezeichnet man – im Lateinischen und Deutschen – Fragesätze, die mit einem Fragewort (im Lateinischen meist ein *qu*-Wort, im Deutschen ein w-Wort) eingeleitet werden. Im Gegensatz zum Lateinischen steht im Deutschen bei der unabhängigen Wortfrage das Prädikat gleich hinter dem Fragewort:

***Quis** miseriam tolerare potest?*	**Wer** kann das Elend ertragen?
***Quod** fatum nos manebit?*	**Welches** Schicksal wird uns erwarten?
***Cur** dei nos non adiuvant?*	**Warum** helfen uns die Götter nicht?

2. Auf sog. Satzfragen erwartet der Fragende entweder die Antwort „ja" oder „nein" bzw. lässt die erwartete Antwort offen „ja / nein". Im Lateinischen gibt es für diese drei Fälle bestimmte Fragepartikel *(-ne, nonne, num)* unabhängig von der Satzstellung. Im Deutschen wird die Satzfrage vor allem durch die Stellung des Prädikats am Satzanfang kenntlich gemacht, ergänzt um entsprechende Partikeln (nicht, etwa):

*Potest**ne** homo tam durus esse?*	Kann ein Mensch so hartherzig sein?	**ja / nein**
***Nonne** diu beati fuimus?*	Sind wir **nicht** lange glücklich gewesen?	**ja**
***Num** quieti sedere potestis?*	Könnt ihr **etwa** ruhig dasitzen?	**nein**

10 Romulus in Schwierigkeiten

Verwendung der Demonstrativpronomina

Stoff: Demonstrativpronomia; Tempora in Hauptsätzen

Ille Romulus rex primus Romanorum idemque conditor Romae fuit. Sub regno eius civitas Romana firma et magna facta erat. Sed magnitudo huius civitatis diuturna nondum erat, quod Romani propter inopiam mulierum multitudinem hominum augere non poterant. Hanc difficultatem Romulus non ignoravit. Itaque per legatos nationes finitimas illius regionis iterum atque iterum rogabat et sermonem huius modi habebat: „Origo huius civitatis parva fuit. Et auxilio deorum et virtute nostra eam auximus eique magnam laudem paravimus. Eadem virtute auctoritatem eius augebimus, si nobis multitudo satis magna hominum erit. Venite ergo ipsi in hanc civitatem, date virgines vestras iuventuti huius civitatis!"
Sed quod eae nationes illud auxilium a Romulo rogatum negabant, Romulus hunc dolum adhibuit. Ludos magnificos in honorem Neptuni praeparavit et cunctos homines civitatum finitimarum ad eos invitavit.

2 ***regnum, i*** – Königsherrschaft, Reich; ***factus, a, um erat*** – er, sie, es war geworden;
3 ***diuturnus,a, um*** – dauerhaft, von Dauer; ***inopia, ae*** – Mangel (an); 6 ***origo, ginis*** – Ursprung, Anfang

Bei der Deklination der Demonstrativpronomina *hic, is, iste, ille, ipse, idem* solltest du grundsätzlich beachten:

- Lerne den Nom. Sg. dieser Pronomina auswendig und wiederhole ihn, weil sie sich hier am meisten unterscheiden. Dazu gibt dir die nachfolgende Übersicht eine Hilfe.

Ansonsten gilt:

- Gen. Sg. hat die Endung *-ius*, Dat. Sg. die Endung *-i*
- alle anderen Kasus gehen nach der a/o-Dekl.
- Die Neutrum-Regel (➔ Kap. 1, W) gilt auch hier.

Verwendung der Demonstrativpronomina

hic, haec, hoc – dieser, diese, dieses

a) *hic* ist das Pronomen der 1. Person:
hic liber – dieses (mein) Buch
in hac urbe – in dieser (unserer) Stadt

b) *hic* bezeichnet das zeitlich bzw. räumlich Näherliegende:
hac aetate – in dieser (jetzigen, heutigen) Zeit

c) bei einem Verweis auf den folgenden Satz (v. a. vor Doppelpunkt):
hic – der folgende

is, ea, id – dieser, diese, dieses; er, sie, es

a) *is* ersetzt die nicht-reflexiven Formen des Demonstrativpronomens der 3. Person:
Ei / iis dedit. – Er hat ihm / ihr / ihnen gegeben.

b) Die Genitivformen *eius, eorum, earum* ersetzen die nicht-reflexiven Formen des Possessivpronomens der 3. Person:
parentes eius / eorum – seine / ihre Eltern

iste, ista, istud – dieser (da), diese (da), dieses / das (da)

a) *iste* ist das Pronomen der 2. Person:
iste liber – dieses (dein) Buch

b) bisweilen im negativen Sinn gebraucht:
isti homines – diese Kerle, Typen da

ille, illa, illud – jener, jene, jenes

a) *ille* ist das Pronomen der 3. Person:
ille liber – jenes (sein) Buch

b) *ille* bezeichnet das zeitlich bzw. räumlich Fernerliegende (im Ggs. zu *hic*):
illa aetate – in jener (damaligen) Zeit

c) *ille* weist auf Bekanntes hin:
ille Romulus – jener berühmte, bekannte Romulus

ipse, ipsa, ipsum – selbst

a) *ipse* kann hervorhebend gebraucht werden:
Venite ipsi! – Kommt selbst, persönlich!

b) *ipse* kann präzisierend gebraucht werden:
propter id ipsum – gerade, genau deswegen

idem, eadem, idem – derselbe, dieselbe, dasselbe

idem wird oft gesetzt, wenn über ein Subjekt zwei Aussagen gemacht werden:
Romulus rex Romanorum idemque conditor Romae fuit.
Romulus war König der Römer und zugleich Gründer Roms

Der Gebrauch der Tempora in Hauptsätzen ist im Lateinischen und Deutschen zum Teil gleich, in einigen Fällen gibt es jedoch Unterschiede, die man beachten sollte:

Lateinisch	**Deutsch**
Präsens innerhalb einer Erzählung in der Vergangenheit bei lebhafter, anschaulicher Darstellung = **historisches Präsens**	meist **Präteritum** (= Imperfekt), auch **Präsens** möglich
Imperfekt bei nicht abgeschlossener Handlung in der Vergangenheit:	**Präteritum** bzw. prägnante Wiedergabe durch **Adverbien** o. ä.
a) **Dauer** der Handlung: *Laborabat.*	Er war **gerade** bei der Arbeit.
b) **Wiederholung** der Handlung: *Cenabat sexta hora.*	Er speiste **gewöhnlich** um 12 Uhr.
c) **Versuch** einer Handlung: *His verbis nationibus persuadebat.*	Mit diesen Worten **versuchte er,** die Volksstämme zu überreden.
Perfekt als abgeschlossene, einmalige Handlung in der Vergangenheit = **lateinisches Erzähltempus**	**Präteritum = deutsches Erzähltempus**

11 Verehrung der Vorfahren

Konjunktiv Imperfekt und Plusquamperfekt

Stoff: 3. Dekl.: Neutra; a/e-Konj., *esse, posse*: Kj. Impf. / Plusquamperf.

Memoria maiorum apud Romanos semper in summo honore erat. Cum enim maiores, ut auctores antiqui saepe narrant, fortitudine, modestia, scientia iuris, auctoritate imperium Romanum paravissent et decus imperii auxissent, cuncta genera populi Romani operam dabant, ut memoriam facinorum maiorum iterum atque iterum excitarent.
Itaque patres familias imagines vel capita virorum clarorum generis sui in atrio collocaverunt, ut tota familia illos viros spectare posset et facinora eorum semper memoria teneret.
Eadem causa mos antiquus generum Romanorum erat, ut funus summa pietate celebrarent. In funere enim pater familias imagines maiorum cunctis incolis civitatis monstrabat, ut et illis exemplum virtutis egregiae praeberet et generi suo summum decus pararet. Imprimis liberos semper admonebat, ut virtute sua maiores aequarent vel superarent.

1 ***maiores, um*** – Vorfahren; 4 ***operam dare*** – sich bemühen; 5 ***excitare*** – erregen, wachrufen; 6 ***pater familias*** (alter Gen. für familiae); 7 ***atrium, i*** – Atrium (Hauptraum des römischen Hauses); ***collocare*** – aufstellen; 8 ***memoria tenere*** – im Gedächtnis behalten; 9 ***funus, eris*** – Begräbnis, Leichenzug; 10 ***celebrare*** – feiern, begehen; 13 ***aequare*** – erreichen

Die Neutra der 3. Dekl. gehören hauptsächlich zu den Wortgruppen mit folgenden Ausgängen:

*nomen, **minis***	Name, Bezeichnung, Begriff
*tempus, **oris***	Zeit, Zeitpunkt
*genus, **eris***	Geschlecht, Gattung, Art
*robur, **oris***	Körperkraft, Stärke
*caput, **itis***	Kopf, Haupt, Hauptstadt
*ius, **uris***	Recht

Konjunktiv Imperfekt und Plusquamperfekt

Den Konjunktiv Imperfekt erkennt man daran, dass zwischen Präsensstamm und Personalendung *(-m, -s, -t, -mus, -tis, -nt)* das Moduszeichen ***-re-*** eingeschoben wird, während beim Konjunktiv Plusquamperfekt zwischen den Perfektstamm und die Personalendung das Moduszeichen ***-isse-*** tritt:

	*specta-**re**-m*	ich **würde** schauen	*spectav-**isse**-m*	ich **hätte** geschaut
	*da-**re**-m*	ich **gäbe**	*ded-**isse**-m*	ich **hätte** gegeben
	*mone-**re**-m*	ich **würde** mahnen	*monu-**isse**-m*	ich **hätte** ermahnt
aber:	*es-**se**-m*	ich **wäre**	*fu-**isse**-m*	ich **wäre** gewesen
	*pos-**se**-m*	ich **könnte**	*potu-**isse**-m*	ich **hätte** gekonnt

Der Gebrauch des Konjunktivs im Lateinischen und Deutschen ist zum Teil gleich, in vielen Fällen jedoch unterschiedlich. Wenn z. B. lateinische Gliedsätze mit ***cum*** oder ***ut*** eingeleitet werden und den Konjunktiv nach sich haben, so gibt es für diese Konjunktionen folgende Übersetzungsmöglichkeiten:

cum mit Konjunktiv – als, da, weil, obwohl, während

ut mit Konjunktiv – dass, so dass, damit

Im Deutschen steht in der Regel in solchen Gliedsätzen der Indikativ.

Textbeispiele (gekürzt):
Cum maiores decus imperii auxissent … (1/3)
Da die Vorfahren den Ruhm des Reiches vermehrt hatten …

Mos Romanorum erat, ut funus summa pietate celebraretur. (9/10)
Es war Sitte der Römer, dass ein Begräbnis mit höchstem Pflichtgefühl begangen wurde.

12 Die Leistung der Vorfahren

Relativsätze

Stoff: Relativsätze

Haud raro pater familias filios in atrium convocabat, ut iis de factis moribusque maiorum narraret, velut verbis huius modi:
„Quis vestrum ignorat hos duo viros, quorum imagines medio in atrio sunt? Hic vir, cuius caput corona ornatum est, consul et dux legionum Romanarum fuit. Is civitatem, quae summo in discrimine erat, servavit et non solum prudentia, sed etiam robore suo admirationem cunctorum militum, qui sub imperio eius erant, excitavit. Cum aliquando omina mala nuntiata essent incolaeque in magno timore fuissent, idem vir patriam, quam amabat, periculo, quod patriae imminebat, liberavit. Illi quoque viro, quem iuxta hunc videtis, maximam gratiam debemus. Cum enim temporibus antiquis inter ordines civitatis certamen tam perniciosum exarsisset, ut alter ordo contra alterum arma iam pararet, illi viro, cui et magna auctoritas et prudentia erat, contigit, ut hoc certamen prohiberet.
Et hic et ille vir, quos populus Romanus illis temporibus conservatores civitatis appellavit, usque ad haec tempora lumina et decus generis nostri sunt."

3 ***quis vestrum*** (Gen.) – wer von euch; 4 ***corona, ae*** – Kranz, Krone; 5 ***discrimen, minis*** – Gefahr, gefährliche Lage, Entscheidung; 6 ***admiratio, onis*** – Bewunderung; 9 ***liberare periculo*** (Abl. der Trennung) – von der Gefahr befreien; ***iuxta*** mit Akk. – neben; 11 ***exarsi*** (Perf. von *exardescere*) – entbrennen; 12 ***arma parare*** – zu den Waffen greifen; 13 ***contigit*** (Perf. zu *contingit*) – es ist gelungen; 14 ***conservator, oris*** (von *conservare*) – Bewahrer, Retter

Im Text wird noch einmal der Gebrauch der Demonstrativpronomina *hic* und *ille* besonders eingeübt. Vergleiche dazu ➔ Kap. 10 und beachte folgende häufigen Wendungen:

haec tempora / haec aetas	die heutige, gegenwärtige Zeit
illa tempora / illa aetas	die damalige, vergangene Zeit

Relativsätze

Relativsätze werden durch das Relativpronomen *qui, quae, quod = der, die, das* eingeleitet. Die Deklination des Relativpronomens entspricht der Deklination des adjektivischen Fragepronomens.

Zur Formenbildung des Relativpronomens analysieren wir zunächst folgende Sätze:

Spectamus	***imagines,***		***quae***	*nobis*	*placent.*
→	Akk.		Nom. ←		
	Pl.	←	Pl.		
	Fem.	←	Fem.		

Ü: Wir betrachten die Bilder, die uns gefallen.

Gaudemus	***imaginibus,***		***quas***	*pater*	*monstrat.*
→	Abl.		Akk. ←		
	Pl.	←	Pl.		
	Fem.	←	Fem.		

Ü: Wir freuen uns über die Bilder, die der Vater zeigt.

Pater	***de viris***	*narrat,*	***quorum***	*capita in atrio sunt*
	Abl. ←		Gen. →	↑
	Pl. ←		Pl.	
	Mask. ←		Mask.	

Ü: Der Vater erzählt von den Männern, deren Häupter (Büsten) sich im Atrium befinden.

Das **Relativpronomen** richtet sich im **Kasus** nach seiner Funktion im Satz (Subjekt, Objekt, Attribut), im **Numerus** und **Genus** nach dem Bezugswort.

13 Die Kelten bedrohen Rom

Die 3. Deklination

Stoff: 3. Dekl.: alle Deklinationsgruppen; a/e-Konj: Passiv des Präsensstammes

Cum agmina gentium Gallorum quinto a. Chr. n. saeculo montes altos Alpium superavissent et fines citra ultraque Padum siti ab iis iam vastarentur, cuncti populi Italiae magno timore implebantur. Ex his Clusini, cum agmen hostium urbi eorum appropinquaret et incolae ob eam causam valde terrerentur, legatos Romam miserunt, ut auxilium adversus hostes rogarent. Romani quidem auxilium negaverunt, sed ipsi legatos ad Gallos miserunt. Hi hoc fere modo dixerunt:

„Nomine populi Romani, gentis virorum proborum, ad vos venimus, quod Clusini a gente vestra oppugnantur. Ab his rogamur, ut eos summis viribus adiuvemus. Quamquam nulla iniuria Clusinorum violamini, ii homines timore cladis perniciosae implentur. Itaque vobis nuntiamus: Amici nostri a nobis vi et armis, quin etiam sanguine nostro servabuntur. Si parati eritis pacem facere, bellum vitabitur, si non, a viribus nostris superabimini."

1 ***quintus*** – der Fünfte; ***a. Chr. n.*** = *ante Christum natum* – vor Christi Geburt; 2 ***Alpes, ium*** – die Alpen; ***citra ultraque Padum*** – diesseits und jenseits des Po; ***situs, a, um*** – gelegen; 3 ***Clusini, orum*** – Bewohner der Stadt Clusii (heute Chiusi); 4 ***ob eam causam*** – aus diesem Grund; 5 ***misi*** (Perf. von *mittere*) – ich habe geschickt; ***adversus*** mit Akk. – gegen; 6 ***quidem ... sed*** – zwar ... aber; 8 ***probus, a, um*** – tüchtig; 11 ***timor cladis*** (Gen. obiectivus) – Angst vor einer Katastrophe; 12 ***servare*** – retten, schützen; 13 ***pacem facere*** – Frieden schließen

Die 3. Deklination

Die Substantive der 3. Deklination werden in drei Gruppen eingeteilt und entsprechend dekliniert:

		Konsonantenstämme		**Mischklasse**	**reine i-Stämme**	
		m / f	n		m / f	n
Sg.	N	*dux*	*nomen*	*gens*	*turr-is*	*mar-e*
	G	*duc-is*	*nomin-is*	*gent-is*	*turr-is*	*mar-is*
	D	*duc-i*	*nomin-i*	*gent-i*	*turr-i*	*mar-i*
	Akk	*duc-em*	*nomen*	*gent-em*	*turr-**im***	*mar-e*
	Abl	*duc-**e***	*nomin-**e***	*gent-**e***	*turr-**i***	*mar-**i***
Pl.	N	*duc-es*	*nomin-**a***	*gent-es*	*turr-es*	*mar-**ia***
	G	*duc-**um***	*nomin-**um***	*gent-**ium***	*turr-**ium***	*mar-**ium***
	D	*duc-ibus*	*nomin-ibus*	*gent-ibus*	*turr-ibus*	*mar-ibus*
	Akk	*duc-es*	*nomin-**a***	*gent-es*	*turr-es*	*mar-**ia***
	Abl	*duc-ibus*	*nomin-ibus*	*gent-ibus*	*turr-ibus*	*mar-ibus*

Beachte:

Die Neutrumregel gilt auch in der 3. Deklination.
Der Akk. Sg. der reinen i-Stämme endet im Mask. / Fem. auf *-im*.
Neutra auf -*e* und *-al* (z. B. *mare, animal*) gehören zu den reinen i-Stämmen.
Die drei Gruppen unterscheiden sich hauptsächlich im Abl. Sg., Gen. Pl. und Nom. / Akk. Pl. Neutr.

Merke daher:

	Abl. Sg.	**Gen. Pl.**	**Nom. / Akk. Pl. Neutr.**
Konsonantenstämme	*-e*	*-um*	*-a*
Mischklasse	*-e*	*-ium*	
reine i-Stämme	*-i*	*-ium*	*-ia*

Weitere Besonderheiten der 3. Deklination (Genusregeln bzw. -ausnahmen, Numerusregeln) sind in jeder Grammatik bzw. in jedem grammatischen Beiheft zu finden.

Merke aber folgende Besonderheiten häufiger Substantive:

Pluralwörter:

preces, precum f	Bitten
moenia, moenium n	Stadtmauern

Singularwort:

vestis, is f	Gewand, Kleidung

Singularwort nur im Nom. und Akk.:

fas n	das (göttliche) Recht
nefas n	Unrecht, Frevel

Singular und Plural mit verschiedener Bedeutung:

finis, is m	– Ende, Grenze	*fines, ium*	– Gebiet
aedes, is f	– Tempel	*aedes, ium*	– Haus
vis (nur: *vim, vi*) f	– Gewalt, Kraft, Menge	*vires, ium*	– Kräfte, Streitkräfte
nur: *opem, ope* f	– Hilfe	*opes, um*	– Macht, Schätze

Die Passivformen des Präsensstammes werden mit den passiven Personalendungen gebildet:

-or / r, -ris, -tur, -mur, -mini, -ntur,

also: *laud-or / mone-or* (ich werde gelobt / ermahnt), *lauda-ris / mone-ris* (du wirst gelobt / ermahnt) etc.

Im Deutschen dagegen erfolgt die Bildung des Passivs mit einer Form des **Hilfsverbs „werden" + Partizip II (Mittelwort der Vergangenheit)**. Häufig kommt es im Deutschen zur Verwechslung des Präs. Pass. mit dem Fut. I Akt. Beachte daher immer genau, ob jemand etwas **tun wird** (= Fut. I Akt.) oder ob jemandem etwas **getan wird** (= Präs. Pass.), z. B.:

er wird fragen (Form von „werden" + Inf. Präs. Akt.) = Fut. I Akt.

er wird gefragt (Form von „werden" + Part. II / Part. Perf. Pass.) = Präs. Pass.

14 Die Schlacht an der Allia

Adjektive der 3. Deklination

Stoff: 3. Dekl.: Adjektive

Galli ad ea, quae legati Romanorum postulaverant, modo feroci responderunt. Deinde legati contra ius gentium arma ceperunt et in certamine acri ducem Gallorum necaverunt. Tum ira vehementi impleti Galli bellum paraverunt et agmen ingens Romam duxerunt. Brennus, rex ferox Gallorum, itinere tam celeri in fines Romanorum pervenit, ut incolae cladem terribilem timerent.

Et profecto, ad undecimum lapidem, ubi Allia flumen Tiberi fluvio miscetur, omnia loca hostium ferocium plena erant; crudeli atrocique pugna pars militum fortium Romanorum necata est, ceteri Veios, in urbem finitimam, incolumes pervenerunt.

Galli hac celeri victoria perturbati primo insidias Romanorum timuerunt; cum autem moenibus ingentibus Romae appropinquarent et nullum hostem viderent, haud multo ante noctem in urbem penetraverunt.

2 ***deinde*** – hierauf; ***contra*** mit Akk. – gegen; ***cepi*** (Perf. von *capere*) – ich habe ergriffen; 3 ***bellum parare*** – zum Krieg rüsten; 5 ***perveni*** (Perf. zu *pervenire*) – ich bin hingekommen, gelangt; 7 ***lapis undecimus*** – der elfte Meilenstein (ca. 16,5 km von Rom entfernt); ***misceri*** (Pass. von *miscere*) – vermischt werden, sich vermischen, (von Flüssen) münden; 8 ***plenus, a, um*** mit Gen. – voll von etwas; 9 ***Vei, orum*** – Veji (Stadt nördl. von Rom); 10 ***incolumis, e*** – unversehrt, wohlbehalten

Adjektive der 3. Deklination

Grundregeln:

Die Adjektive der 3. Deklination werden wie die Substantive der **reinen i-Stämme** (➔ Kap. 13) dekliniert (beachte: *-i, -ium, -ia*), nur im Akk. Sg. Mask. / Fem. enden sie auf *-em*, also:

	Singular			Plural		
	m	**f**	**n**	**m**	**f**	**n**
Nom.	*acer*	*acris*	*acre*	*acres*	*acres*	*acria*
Gen.	*acris*	*acris*	*acris*	*acrium*	*acrium*	*acrium*
Dat.	*acri*	*acri*	*acri*	*acribus*	*acribus*	*acribus*
Akk.	*acrem*	*acrem*	*acre*	*acres*	*acres*	*acria*
Abl.	*acri*	*acri*	*acri*	*acribus*	*acribus*	*acribus*

Die Neutrumregel gilt auch bei diesen Adjektiven.
Die **Unterscheidung in drei-, zwei- und einendige Adjektive** rührt daher, dass die Adjektive im Nom. Sg. Mask. / Fem. / Neutr. entweder drei oder zwei oder nur eine Endung haben:

	m	**f**	**n**
dreiendig	*acer* *celer*	*acris* *celeris*	*acre* *celere*
zweiendig	*turpis*	*turpis*	*turpe*
einendig	*ferox*	*ferox*	*ferox*

15 Römischer Opfermut

Die Steigerung der Adjektive

Stoff: Adjektive: Komparation; Partizip Präs. Akt.;
unus, totus, solus, nullus: Deklination

Interea cives totius urbis terrore ingenti impleti erant, quod agmina hostium incursantia infirmioribus viribus et paucioribus viris ab urbe arcere non poterant. Itaque fortissimi illi homines calamitatem terribilissimam timentes consilium audacissimum ceperunt. Placuit enim eis et iuvenes et firmissimos senatorum cum coniugibus liberisque in arcem Capitoliumque mittere. Praeterea sacerdotibus mandaverunt, ut sacra publica a periculo toti urbi imminente servarent.

At senes, quorum corpora infirmiora erant, parati erant soli turbas hostium incursantium exspectare. Pulcherrima veste ornati in aedibus suis quieti sedebant. Et Galli, cum senes gravissimos in atrio sedentes viderent, eos similes deis putaverunt. Tanta maiestas in oribus senum erat. Sed cum unus ex Gallorum barbam longiorem senis permulceret, ille senex baculum in caput Galli permulcentis incussit. Tum Galli ira acerrima inflammati omnes senes necaverunt, omnia tecta igne deleverunt, nulli mortalium in urbe temperaverunt.

Romani ex arce urbem ardentem spectantes numquam antea cladem terribiliorem viderant quam eam, quam auribus oculisque suis videbant.

2 ***incursare*** – angreifen; 4 ***consilium capere*** (Perf. *cepi*) – einen Plan fassen; ***mihi placet*** – es gefällt mir, ich beschließe; 5 ***arx, arcis*** – Burg; ***mittere*** – schicken; 6 ***sacra, orum*** – Heiligtümer; 9 ***quietus, a, um*** – ruhig; 11 ***similis, e*** mit Dat. – jemandem ähnlich; 10 ***maiestas, atis*** f – Erhabenheit, Würde; 10 ***os, oris*** n – Mund, Gesicht; 12 ***barbam permulcere*** – den Bart streicheln; ***baculum incutere*** (Perf. *incussi*) – den Stock (mit dem Stock) schlagen; 15 ***temperare*** mit Dat. – einen schonen

Die Komparation (Steigerung) der Adjektive

1. Bildung der Steigerungsformen:

Zur Bildung des Komparativs wird an den Wortstock der Adjektive (Merke: Gen. Sg. bilden und Endung abstreichen = Wortstock) die Endung ***-ior*** für Mask. / Fem. bzw. ***-ius*** für Neutr. angehängt. Diese Komparativ-formen werden wie die Konsonantenstämme (z. B. *orator, oris* bzw. *tempus, oris*) dekliniert (beachte daher: ***-e, -um, -a;*** → Kap. 13).

Der Superlativ wird bei den meisten Adjektiven mit der Endung *-issimus, a, um*, die an den Wortstock angehängt wird, gebildet. Bei den Adjektiven auf *-er*, wie *pulcher, acer, celer,* tritt dagegen an den Nom. Sg. Mask. die Endung *-rimus*. Eine ganz kleine Gruppe von Adjektiven *(facilis, difficilis, similis, dissimilis, humilis)* bildet den Superlativ mit der Endung *-limus*, die an den Wortstock tritt.

Die wichtigsten Steigerungsformen:

Positiv (Grundstufe)		**Komparativ (Steigerungsstufe)**	**Superlativ (Höchststufe)**
firmus, a, um	– stark	*firm-**ior** / firm-**ius***	*firm-**issimus***
turpis, e	– schändlich	*turp-**ior** / turp-**ius***	*turp-**issimus***
felix	– glücklich	*felic-**ior** / felic-**ius***	*felic-**issimus***
prudens	– klug	*prudent-**ior** / prudent-**ius***	*prudent-**issimus***
pulcher, chra, chrum	– schön	*pulchr-**ior** / pulchr-**ius***	*pulcher-**rimus***
acer, cris, cre	– spitz, scharf	*acr-**ior** / acr-**ius***	*acer-**rimus***
facilis, e	– leicht	*facil-**ior** / facil-**ius***	*facil-**limus***

2. Zur Übersetzung des Komparativs und Superlativs:

Bei einer echten Komparation, d. h. wenn Vergleichsglieder vorhanden sind bzw. sinngemäß ergänzt werden können, werden Komparativ und Superlativ mit den entsprechenden deutschen Steigerungsformen übersetzt:

Templum Saturni antiquius est quam templum Castoris.
Der Saturntempel ist älter als der Castortempel.

Templum Saturni antiquissimum est (omnium templorum Romae).
Der Saturntempel ist der älteste (von allen Tempeln in Rom).

Fehlen Vergleichsglieder, bezeichnet die Komparation bestimmte Grade der Steigerung:

epistula brevior	ein zu, allzu, recht, ziemlich kurzer Brief
epistula brevissima	ein sehr, äußerst, ganz kurzer Brief

Im Deutschen sind bisweilen andere Superlativformen möglich:

gravissimus	todernst
celerrimus	blitzschnell etc.

Das Partizip Präsens Aktiv wird mit der Endung *-ns, -ntis*, die an den Präsensstamm tritt, gebildet:

monstra-***ns***, monstra-***ntis***	zeigend; einer, der zeigt
sede-***ns***, sede-***ntis***	sitzend; einer, der sitzt

Es wird wie die Adjektive der 3. Dekl. auf *-ns*, *-ntis* dekliniert, ausgenommen die Endung ***-e*** im Abl. Sg.

Das **Partizip Präsens Aktiv** kommt natürlich ebenfalls in der **geschlossenen Wortstellung** vor; es gelten daher die Regeln von Kap. 7:

homines calamitatem terribilissimam timentes
die eine ganz schreckliche Katastrophe fürchtenden Menschen = Menschen, die eine g. s. K. fürchten.

... toti urbi (6), *... soli ...* (8) u. a.
Die sog. Pronominaladjektive wie *unus, totus, solus, nullus* (auch *ullus, uter, alter, neuter, alius*) werden wie die Adjektive auf ***-us, -a, -um*** dekliniert, nur im Gen. und Dat. Sg. haben sie für die drei Geschlechter die Endungen der Pronomina, nämlich ***-ius*** **(Gen.)** und ***-i*** **(Dat.)**.

16 Ein schwarzer Tag für Rom

Bildung und Komparation der Adverbien

Stoff: regelmäßige Adverbbildung

Galli, quamquam arcem vehementius temptabant, a Romanis fortissime et acerrime pugnantibus iterum atque iterum arcebantur. Imprimis autem fame sitique milites utrimque vehementer vexabantur, Galli etiam peste. Praeterea solum incendiis adeo calefactum erat, ut ventus leniter flans non solum pulverem siccum, sed etiam cinerem calidum moveret.
Tantis malis misere vexati Galli et Romani celerrime indutias fecerunt. Etiamsi Romani saepius panem in hostium praesidia iactaverant, ut famem acriorem dissimularent, tamen brevissimo tempore eam tolerare non iam potuerunt; itaque ad pacem turpissimam celeriter parati erant.
Galli superbius postulaverunt, ut ingens vis auri sibi daretur. Sed postquam Galli pondera falsa apportaverunt, Romani id constanter negaverunt; Brennus autem ponderibus gladium adiecit durissime clamans: „Vae victis!"

1 ***temptare*** – angreifen; 2 ***fames, is*** f – Hunger; 3 ***sitis, is*** f – Durst; ***utrimque*** – auf beiden Seiten; ***pestis, is*** f – Seuche; 4 ***solum, i*** – Boden; ***calefactus, a, um*** – erhitzt; ***flare*** – wehen; 5 ***siccus, a, um*** – trocken; ***calidus, a, um*** – warm; 6 ***indutiae, arum*** (Pluralwort) – Waffenstillstand; ***etiamsi*** – auch wenn; 7 ***praesidium, i*** – hier: Stellung; 10 ***aurum, i*** – Gold; 11 ***pondus, eris*** n – Gewicht; ***negare*** – hier: ablehnen, sich gegen etwas wehren; 12 ***adieci*** (Perf. von *adicere*) – ich habe hinzugefügt,
hinzugeworfen; ***vae victis*** (Ausruf) – wehe den Besiegten

Bildung und Komparation der Adverbien

Von allen Adjektiven kann ein **Adverb** gebildet werden, um auszudrücken, **auf welche Weise** bzw. **wie** eine Tätigkeit abläuft.

Unterschiede in der Adverbbildung gibt es nur in der **Grundform (Positiv)**:
Bei den Adjektiven der **a/o-Dekl.** wird an den Wortstock die Endung ***-e*** angehängt.
Bei den Adjektiven der **3. Dekl.**, deren Wortstock auf ***-nt*** endet, wird die Endung ***-er***, bei **allen anderen Adjektiven der 3. Dekl.** wird an den Wortstock die Endung ***-iter*** angehängt.
Im **Komparativ** endet die Adverbform bei allen Adjektiven auf ***-ius***, im **Superlativ** auf ***-e***.

		Adverb		
Nom. Sg.	**Gen. Sg.**	**Positiv**	**Komparativ**	**Superlativ**
firmus	*firm-i*	*firm-**e***	*firm-**ius***	*firm-**issime***
pulcher	*pulchr-i*	*pulchr-**e***	*pulchr-**ius***	*pulcher-**rime***
asper	*asper-i*	*asper-**e***	*asper-**ius***	*asper-**rime***
felix	*felic-is*	*felic-**iter***	*felic-**ius***	*felic-**issime***
lenis	*len-is*	*len-**iter***	*len-**ius***	*len-**issime***
prudens	*prudent-is*	*prudent-**er***	*prudent-**ius***	*prudent-**issime***

Für die Übersetzung der Adverbien in den Steigerungsstufen gilt das gleiche wie für die Adjektive (➔ Kap. 15).

17 Camillus, der „zweite Gründer" Roms

e-Deklination

Stoff: e-Deklination

In hac calamitate rei publicae Romanae res male se habuisset, nisi Camillus dictator intra paucos dies Romam venisset. Statim magnas vires in acie collocavit et Gallos hac re nova perturbatos facile superavit. Castra hostium expugnata sunt, et ne nuntius quidem rerum adversarum relictus est. Camillus triumphans in urbem revertit et parens patriae conditorque alter rei publicae appellatus est. Quod autem res divinas diligentissime observabat, imperavit, ut omnia templa deleta denuo aedificarentur, sacra populi Romani in urbem reportarentur ludique Capitolini quotannis die certa darentur, quod Iuppiter Optimus Maximus rem publicam pernicie liberaverat, populo Romano spem novam dederat, sedem suam arcemque in rebus adversis tam bene conservaverat.

1 ***res male se habet*** – die Sache / Lage steht schlecht; 2 ***intra*** mit Akk. – innerhalb; 3 ***facile*** (unregelmäßiges Adverb von *facilis*) – mühelos, leicht; 4 ***relictus*** (P.P.P. von *reliquere*) – zurückgelassen; 5 ***triumphare*** – einen Triumphzug abhalten; ***reverti*** – ich bin zurückgekehrt; ***parens*** = *pater*; ***conditor, oris*** – Gründer; ***alter, era, erum*** – der andere, der zweite; 7 ***denuo*** – von neuem; 8 ***quotannis*** – jedes Jahr; ***ludos dare*** – Spiele veranstalten

Die e-Deklination

Die e-Deklination umfasst nur wenige Substantive *(res, spes, fides, dies, meridies, pernicies)*. Ihr grammatikalisches Genus ist das Femininum.
Folgendes solltet ihr euch merken:

dies = Mask. bedeutet „Tag" (*intra paucos dies* = innerhalb weniger Tage)

dies = Fem. bedeutet „Termin" (*die certa* = an einem bestimmten Termin)

Das „Allerweltswort" *res* kann, je nach Textzusammenhang, verschieden übersetzt werden: Ding, Sache; Tat, Ereignis, Tatsache; Besitz, Vermögen; Grund; Angelegenheit; (im Plural) Verhältnisse, Bereich, Geschichte

res secundae	Glück
res adversae	Unglück
res gestae	Geschichte
quare = ob quam rem	deshalb
res familiaris	Vermögen

18 Camillus verhindert den Auszug aus Rom

Gebrauch des Konjunktivs

Stoff: **Kj. Präs. / Perf.; Kj. in Hauptsätzen und indirekten Fragesätzen**

Eodem tempore cives a tribunis vehementer monebantur, ne in ruinis urbis manerent, sed Veios transmigrarent. Camillus cum videret, quod periculum urbi instaret, hanc fere orationem habuit:

„Consilium tribunorum plebis, Quirites, turpius puto. Tamen libenter tacerem, nisi id consilium patriae noceret. Eam non servare aliis turpe, mihi nefas est. Num rem publicam liberavimus, ut nunc Veios emigremus? Nonne novistis, quotiens numen rem publicam Romanam adiuverit?

Consideremus res secundas vel adversas civitatis nostrae! Omnia felicia erant, si dis immortalibus obtemperaveramus, omnia adversa, si eos non curaveramus. Nonne videtis, quantum nefas paremus, si sacra nostra in urbem alienam transportamus?

Cogitemus quoque de templis antiquis et de sacerdotibus illa templa curantibus! Ne fugaveritis deos sacerdotesque ex urbe! Ne deleveritis religiones sanctissimas rei publicae! Vos, tribuni, semper memoria teneatis: Haec emigratio, quam civibus suadetis, nobis miserior et turpior, Gallis autem gloriosior esset. Galli enim victores nos superatos ex urbe fugavissent. Quod nefas esset, si emigraremus!

Haec omnia vos, Quirites, moveant, ut in sede antiqua vestra maneatis et sacra sedesque caelestium curetis. Simus semper in fide et tutela eorum! Hic dies initium novum rei publicae nostrae sit!“

Hac oratione commoti cives sententiam Camilli probaverunt.

1 ***tribunus, i*** – Volkstribun; ***ruinae, arum*** – Trümmer, Ruinen; **2** ***transmigrare*** – übersiedeln; **4** ***libenter*** – gern; **7** ***novi*** (Perf. mit Präsensbedeutung) – ich weiß; ***quotiens*** – wie oft; **10** ***nefas parare*** – Unrecht verüben, Frevel begehen; **14** ***religiones, um*** – Kulte; **16** ***gloriosus, a, um*** – ruhmvoll; ***victores*** – übers.: als Sieger; **19** ***caelestes, ium*** – die Himmlischen, die Götter; ***fides et tutela*** – Obhut und Fürsorge

consideremus (8), *fugaveritis* (13) *moveant* (18) u. a.
Das Moduszeichen für den Konjunktiv Präsens ist bei der **a-Konj.** ein ***-e-***, das mit dem Kennvokal ***-a-*** verschmilzt, bei allen anderen Konj. ein ***-a-***. Das Hilfsverb *esse* hat eine besondere Form.

Das Moduszeichen für den Konjunktiv Perfekt Aktiv lautet bei allen Verben ***-eri-***, das zwischen Perfektstamm und Endung tritt.

Beispiele:

curem (ich möge sorgen), *cures* etc.
moneam (ich möge mahnen), *moneas*
sim (ich sei), *sis* etc.

curaverim, curaveris etc.
monuerim, monueris etc.
fuerim, fueris etc.

Gebrauch des Konjunktivs

Der Konjunktiv steht im Lateinischen vor allem in Gliedsätzen, die einen Wunsch, Befehl, eine Absicht, ein Begehren, eine Folge oder auch die Gedanken des Autors bzw. einer anderen Person ausdrücken (z. B. oft Gliedsätze mit den Konjunktionen *ut, ne* oder *cum*). Im Deutschen wird hier in der Regel kein Konjunktiv gesetzt.
Grundsätzlich steht im Lateinischen, im Gegensatz zum Deutschen, in allen abhängigen (indirekten) Fragesätzen der Konjunktiv. Ein indirekter Fragesatz liegt dann vor, wenn eine sonst direkte Frage (➔ Kap. 9) von einem Verbum des Sagens, Fragens, Meinens usw. abhängt.

Vergleiche:

Rogo te: „Cur rides?"	Ich frage dich: „Warum lachst du?"
Rogo te, cur rideas.	Ich frage dich, warum du lachst.

Der Konjunktiv in lateinischen Hauptsätzen wird im Deutschen meist auch mit dem Konjunktiv übersetzt. Die häufigsten Fälle sind:

Hortativ (Gebot an die 1. Person)	*Consideremus!*	Mögen wir überlegen! Lasst uns überlegen! Überlegen wir!
Prohibitiv (Verbot an die 2. Person)	*Ne deleveris!*	Zerstöre nicht!
	Ne deleveritis!	Zerstört nicht!
Jussiv (Gebot an die 3. Person)	*Maneat!*	Er möge / soll bleiben! Er bleibe!
	Maneant!	Sie sollen bleiben!
Irrealis (Die Aussage tritt in Wirklichkeit nicht ein bzw. kann nicht eintreten.)	*Tacerem, nisi id patriae noceret.*	Ich würde schweigen, wenn dies der Heimat nicht schaden würde / schadete. („Ich schweige aber nicht.")
	Tacuissem, nisi id patriae nocuisset.	Ich hätte geschwiegen, wenn dies der Heimat nicht geschadet hätte. („Ich habe aber nicht geschwiegen.")

19 Die Folgen der römischen Expansion

Die u-Deklination

Stoff: u-Deklination; unregelmäßige Komparation

Tertio secundoque a. Chr. n. saeculo Romani cum Poenis plures quam centum annos acerrime pugnaverant. Postquam tribus bellis atrocibus exercitus Romani vires Poenorum superaverunt Carthaginemque deleverunt, plurimae nationes circa mare Medium sitae imperio Romano parebant. Imprimis summi magistratus, velut consules, his bellis opes maximas sibi paraverant.

Post reditum in patriam luxui et quaestui se dabant, villas maximo sumptu in urbium modum aedificabant, nihil aliud nisi id spectabant, ut fructus divitiarum augerent. Sed sortem eorum, quorum opera impetus crebros hostium repulsaverant casusque pessimos sustinuerant, non curabant. Itaque in manibus paucorum plurimae divitiae erant, at plerique cives rebus ad vitam necessariis carebant.

Frustra complures viri prudentes, qui magnum tumultum rei publicae timebant, senatum magistratusque monuerunt, ne superbiores essent. In numero illorum virorum Tiberius Gracchus fuit. Is in Hispania pugnans clades turpissimas exercitus Romani simulque superbiam magistratuum viderat. Cum Romam revertisset, in publicum prodiit.

1 ***tertius, a, um / secundus, a, um*** – der dritte / zweite; ***Poeni, orum*** – der Punier / Karthager; 2 ***tres, tria*** (3. Dekl.) – drei; 7 ***reditus, us*** – Rückkehr; 8 ***in urbium modum*** – im Ausmaß von Städten; ***nihil aliud nisi id*** – nichts anderes, außer das = ausschließlich / nur das; ***spectare*** – hier: im Auge haben, streben; ***fructus, us*** – Ertrag, Gewinn; 9 ***creber, bra, brum*** – häufig, zahlreich; 10 ***repulsare*** – zurückschlagen, abwehren; 11 ***rebus*** (Abl.) ***carere*** – Dinge entbehren, nicht haben; 16 ***simul*** – zugleich, gleichzeitig; 17 ***videre*** – hier: mit ansehen, erleben; ***reverti*** – ich bin zurückgekehrt; ***in publicum prodii*** (Perf. von *prodire*) – ich bin an die Öffentlichkeit getreten

Die u-Deklination

Die Substantive der u-Dekl. sind dem grammatikalischen Geschlecht nach **Maskulina**. Zu den wichtigsten Ausnahmen zählen *manus, us* (Hand, Schar) und *domus, us* (Haus), die **Feminina** sind. Die **Neutra** der u-Dekl. wie *cornu, us* (Horn; Heeresflügel) kommen nur ganz selten vor.

Eine gewisse Schwierigkeit der u-Dekl. liegt darin, dass die Endung *-us* vier verschiedene Kasus anzeigen kann. Hier muss man daher genau abfragen und unterscheiden:

exercitus Romanus	(Nom. Sg.)	das römische Heer
exercitus Romani	(Gen. Sg.)	des römischen Heeres
exercitus Romani	(Nom. Pl.)	die römischen Heere
exercitus Romanos	(Akk. Pl.)	die römischen Heere

Die Adjektive *magnus, parvus, bonus, malus, multus* werden **unregelmäßig** gesteigert. Wegen ihres häufigen Gebrauchs solltet ihr sie auswendig lernen:

Positiv		**Komparativ**	**Superlativ**
magnus	(groß)	*maior, maius*	*maximus*
parvus	(klein)	*minor, minus*	*minimus*
bonus	(gut)	*melior, melius*	*optimus*
malus	(schlecht)	*peior, peius*	*pessimus*
multi	(viele)	*plures, plura*	*plurimi*
multum	(viel = Adv.)	*plus*	*plurimum*

Nicht verwechseln!

vir, viri **m** (o-Dekl.)	der Mann	*viri, virorum*	die Männer
vis, vim, vi **f** (3. Dekl. i-St.)	Gewalt, Kraft, Menge	*vires, virium*	Streitkräfte
opera, ae **f** (a-Dekl.)	Mühe, Arbeit	*operae, arum*	Arbeiten
opus, eris **n** (3. Dekl.)	Werk, Arbeit	*opera, um*	Werke
ope (Abl. Sg.) **f**	mit Hilfe	*opes, opum*	Reichtum, Macht

plures (quam)	mehr (als)
plurimi	die meisten, sehr viele
plerique	die meisten
complures	mehrere, ziemlich viele

20 Tiberius Gracchus scheitert

dives, pauper, vetus – domus

Stoff: 3. Dekl.: *dives, pauper, vetus*; Dekl. von *domus*;
Komparation: Besonderheiten

Tiberius Gracchus postquam consensu omnium plebeiorum tribunus plebis creatus est, verbis acerrimis multitudinem civium pauperum sollicitavit: „Quae vita miserrima vobis est! Quam tristitiam in vultu vestro video! Nonne vel infirmissima animalia locum habent, ubi habitare possunt? Vobis autem, quamquam domini totius orbis terrarum nominamini, ne minima quidem pars terrae est. Domus veteres vestrae deletae sunt, domos novas aedificare non potestis. Num in bellis quam fortissime pugnavistis, ut in domibus istorum divitum etiam maior luxus esset? At vobis, parti longe pauperrimae rei publicae, domi maxima inopia est, res mala, spes multo peior. Vos opera cottidiana facere non iam potestis, quia opibus caretis et a nullo divite adiuvamini. Ne toleremus superbiam divitum diutius!"
Senatui Romano eiusmodi verba non placuerunt. Et senatores, cum tumultum plebis periculosissimum putarent, summo magistratui mandaverunt, ut omnibus modis quam celerrime tumultui finem facerent. Tiberius cum manu parva comitum fortiter pugnans necatus est.

1 ***consensus, us*** – Übereinstimmung, Zustimmung; 2 ***sollicitare*** – aufwiegeln; 3 ***tristitia, ae*** (von *tristis*) – Traurigkeit; ***vultus, us*** – Miene, Gesichtsausdruck; 9 ***res*** (➔ Kap. 17) – Lage, Situation; ***spes, ei*** – Hoffnung; Aussicht; 10 ***cottidianus, a, um*** – täglich; 14 ***finem facere*** – ein Ende machen

dives, pauper, vetus – domus

Die Adjektive *dives* (reich), *pauper* (arm) und *vetus* (alt) werden wie die Konsonantenstämme der 3. Dekl. dekliniert (Merke: *-e, -um, -a;* ➔ Kap. 13):

	Abl. Sg.	**Gen. Pl.**	**Neutr. Pl.**
dives, divitis	*divite*	*divitum*	–
pauper, pauperis	*paupere*	*pauperum*	–
vetus, veteris	*vetere*	*veterum*	*vetera*

Das Substantiv *domus, us* f (Haus) hat die Formen teils nach der u- und teils nach der o-Dekl.:

	Singular	**Plural**
Nom.	*domus*	*domus*
Gen.	*domus*	*domorum*
Dat.	*domui*	*domibus*
Akk.	*domum*	*domos*
Abl.	*domo*	*domibus*

Merke folgende Ortsangaben:

domi	zu Hause
domum	nach Hause
domo	von zu Hause

etiam maior (8), *longe pauperrimae* (8)

Besonderheiten der Komparation

Die Steigerungsformen der Adjektive können durch Adverbien verstärkt werden. Am häufigsten kommen vor:

multo *maior*	**viel** größer
etiam *maior*	**noch** größer
vel *maximus*	**sogar, selbst** der größte
longe *maximus*	**bei weitem, weitaus** der größte
quam *maximus*	**möglichst** groß, **so** groß **wie möglich**

21 Geschichte Roms: Aufstieg und Krise aus antiker Sicht

Funktionen des Dativs

Stoff: a-Konj.: Perfektbildungen; wichtige Funktionen des Dativs; Verben mit verschiedenen Objekten; Ortsbestimmungen

Rerum scriptores Romani, velut Livius vel Sallustius, compluribus locis narrant, quibus moribus, per quos viros quibusque artibus domi bellique imperium Romanum et paratum et auctum sit.

E parvis initiis urbs Roma, ut illi scriptores aiunt, brevi res publica firma facta erat. Nam omnes, qui tum Romae habitabant, industria, aequitate concordiaque rei publicae providebant. Numquam pericula, quae providerant, timebant, numquam vitae timebant, sed omnia, quae rei publicae usui salutique erant, summa virtute perfecerunt: Fortiter hostibus obstiterunt, libenter sociis auxilio venerunt, multa beneficia gentibus finitimis praestiterunt. Praeterea iuvenes semper gloriae studebant, usu armorum se exercebant, laudi nullius invidebant, sed aliis virtute praestare studebant. Virtus, ut Sallustius ait, omnia domuerat.

Postquam autem omnes fere nationes, imprimis Carthago, bello domitae sunt, tum fortuna rei publicae non iam favit. Nam iisdem viris, qui olim fortissimos se praestiterant, otium divitiaeque perniciei fuerunt. Divitiae enim honori fuerunt, paupertas probro data est; nemo superbiae avaritiaeque temperavit. Res, quae luxui erant, ex omnibus terris importatae sunt. Toto orbe terrarum, imprimis Athenis, Corinthi, Carthagine manus servorum captatae Romamque portatae sunt. Omnia loca terra marique Romani exploraverunt, ut cibos exquisitos sibi pararent.

Romanis maiori usui fuisset, nisi istis vitiis indulsissent. Se in perniciem praecipitaturi erant.

1 ***rerum scriptor*** – Geschichtsschreiber, Historiker; 2 ***artes, ium*** – hier: Fähigkeiten, Eigenschaften; 4 ***factus est*** – er ist gemacht worden, er ist geworden; 8 ***perfeci*** (Perf. von *perficere*) – ich habe durchgesetzt, erreicht; 15 ***otium, i*** – hier: Ruhe, Frieden; 16 ***paupertas, atis*** *(pauper)* – Armut; ***probrum, i*** – Vorwurf, Schande; 20 ***exquisitus*** – ausgesucht, fein; 21 ***vitium, i*** – Fehler, Laster; ***indulgere, indulgeo, indulsi*** – nachgeben; 22 ***se praecipitare*** – sich stürzen

domuerat (12) u. a.
Die meisten **Verben der a-Konj.** bilden die Stammformen wie *laudare (laudo, laudavi, laudatum)*. Zu den sog. **unregelmäßigen Verben** der a-Konj. gehören vor allem:

domare (zähmen, bezwingen)	*domo*	*domui*	*domitum*
vetare (verbieten)	*veto*	*vetui*	*vetitum*
stare (stehen)	*sto*	*steti*	*staturus*
praestare (leisten, übertreffen)	*praesto*	*praestiti*	*praestaturus*
dare (geben)	*do*	*dedi*	*datum*
adiuvare (unterstützen, helfen)	*adiuvo*	*adiuvi*	*adiutum*

aiunt (4), *ait* (12)
Manche lateinischen Verben kommen nur in ganz bestimmten Formen vor (sog. **Verba defectiva**). Dazu zählen vor allem:

aio – ich sage	häufig:	*ait* (Präs. / Perf.) – er sagt / hat gesagt *aiunt* – sie sagen
	selten:	*aiebam* etc. – ich sagte usw.
inquam – sage ich (in die direkte Rede eingeschoben)	häufig:	*inquit* (Präs. / Perf.) – sagt er / sie / es; hat er / sie / es gesagt

Romae (5), *Athenis* (18) u. a.
Ortsbestimmungen bei **Städten** und **kleineren Inseln**:

Auf die Frage **„wo?"** steht bei den Singularwörtern der a/o-Dekl. der **Genitiv**, in allen anderen Fällen der **Ablativ**:
Romae – in Rom, *Deli* – in / auf Delus (Insel), *Athenis* – in Athen, *Carthagine* – in Karthago usw.

Auf die Frage **„woher?"** steht immer der **Ablativ**:
Roma – aus Rom, *Athenis* – aus Athen

Auf die Frage **„wohin?"** steht immer der **Akkusativ**:
Romam – nach Rom, *Carthaginem* – nach Karthago

Alle anderen Ortsangaben werden mit Präpositionen gebildet (*in, ex, ad* etc.)

Merke noch folgende Wendungen auf die Frage „wo?":
Bei Verbindungen mit *locus* und *totus* entfällt das *in*:

hoc loco – an diesem Ort
toto oppido – in der ganzen Stadt

feste Wendungen:

terra marique – zu Lande und zu Wasser
domi militiaeque / domi bellique – im Frieden und im Krieg

Funktionen des Dativs

In vielen Fällen steht der Dativ im Lateinischen wie im Deutschen auf die Frage **„wem?"**, z. B. bei *respondere* (antworten), *nocere* (schaden), *imperare* (gebieten), *se dare* (sich widmen), *esse* (gehören) etc.
Ansonsten drückt der lateinische Dativ aus, **„für wen, wofür, wozu?"** etwas geschieht:

sibi parare	für sich besorgen, sich verschaffen
providere amico	für den Freund Vorsorge treffen, sorgen
timere vitae	um das Leben fürchten

Dazu gehört auch der sog. Dativus finalis (Dativ des Zwecks) in folgenden häufigen Wendungen, die oft mit einem Dativ der Person verbunden sind:

a) bei esse (Grund- bzw. Hilfsbedeutung „gereichen zu, dienen zu"; diese Hilfsübersetzung sollte aber im Deutschen möglichst vermieden werden) z. B.:

usui esse	(„zum Nutzen gereichen") von Nutzen, nützlich sein
saluti esse	dem Wohl dienen, Rettung bedeuten
honori esse	Ehre bringen / bedeuten
perniciei esse	verderblich sein
res, quae luxui sunt	Luxusartikel

b) **bei anderen Verben wie:**

auxilio venire	zu Hilfe kommen
crimini dare	zum Vorwurf machen
probro dare	als Schande ansehen

Manche Verben mit Dativobjekt übersetzt man im Deutschen besser mit einem Akkusativ- bzw. Präpositionalobjekt, z. B.:

favere amico	(„dem Freund gewogen sein") den Freund begünstigen
studere gloriae	auf Ruhm bedacht sein, nach Ruhm streben
temperare avaritiae	die Habgier mäßigen, sich in der Habgier mäßigen
praestare amico	den Freund übertreffen
invidere amico	den Freund beneiden
invidere laudi amici	den Freund um seinen Ruhm beneiden
persuadere amico	den Freund überreden, dazu bringen, überzeugen

Verben mit Bedeutungsänderung bei verschiedenem Objekt:

providere / prospicere periculum **(Akk.)**	die Gefahr voraussehen
providere / prospicere amico **(Dat.)**	für den Freund sorgen
timere calamitatem **(Akk.)**	das Unglück fürchten, Angst haben vor dem Unglück
timere rei publicae **(Dat.)**	Angst haben um den Staat
praestare beneficia **(Akk.)**	Gefälligkeiten erweisen
praestare se fortem **(dopp. Akk.)**	sich tapfer erweisen
praestare aliis **(Dat.)** *virtute* **(Abl.)**	andere an Tüchtigkeit übertreffen

22 Aus Cäsars Leben: Beginn einer Karriere

i-Konjugation; *ire*

Stoff: i-Konjugation; *ire* und Komposita; Komposita von *esse*

Cäsar, geb. 100 v. Chr. in Rom, war der Neffe des Popularen und Sullagegners Marius. Seine Heirat mit Cornelia, der Tochter des Mariusfreundes Cinna, verstärkte natürlich die Abneigung Sullas gegen ihn.

Illis temporibus Caesar perisset, nisi amici propinquique Sullam precibus adeuntes ei affuissent. Is benignum se praestitit et amicis Caesaris dixit: „Caesar salvus abeat! Sed cavete istum iuvenem! Partibus optimatium magnopere oberit; nam Caesari multi Marii insunt.“ Deinde Caesar a factis sceleratis Sullae dissentiens in Asiam abiit. Ibi compluribus pugnis interfuit, in quibus haud raro magna pericula subibat. Cum Romam redisset, omni modo id studuit, ut ad summos gradus magistratuum quam celerrime perveniret. Igitur omnia negotia, quae commodis suis prodesse poterant, suscepit. Cum iudiciis interfuerat, ut viros quosdam magnae auctoritatis accusaret, eloquentia audaciaque eius omnibus, qui aderant, admirationi erant. Dum magistratibus minoribus praeest, imprimis pauperibus, quibus opes deerant, largitionibus frumentoque libenter subveniebat. Hoc modo multis subveniens tantum favorem populi sibi conciliavit, ut consilium iniret consulatum petere.

2 ***benignus, a, um*** – gnädig, wohlwollend; 3 ***salvus, a, um*** – wohlbehalten, ungeschoren; ***partes, ium*** – Partei, Gruppe; 4 ***Marii*** (Pl. von Marius) – „Mariusse“, Leute wie Marius; ***inesse*** mit Dat. – in etwas / jemandem stecken; 5 ***dissentire a factis*** – mit den Taten nicht einverstanden sein; 7 ***gradus, us*** – Schritt, Stufe, Rang; 8 ***negotium, i*** – Geschäft, Tätigkeit; 9 ***commodum, i*** – Vorteil, Interesse; ***suscepi*** (Perf. von *suscipere*) – ich habe übernommen; ***iudicium, i*** – Prozess; 11 ***admiratio, onis*** – Bewunderung; ***magistratus minores*** – niedere Ämter; 12 ***largitio, onis*** – Spende; 13 ***favor, oris*** – Gunst, Sympathie; 14 ***consulatum petere*** – sich um das Konsulat bewerben

Die Komposita von *esse* bereiten wenig Schwierigkeiten, wenn du die Formen von *esse* und die Grundbedeutung der Präpositionen kennst. Achte vor allem auf folgende Perfektformen, die oft verwechselt werden:

a-fui	(von *ab-esse* – weg / abwesend sein, fehlen)
af-fui	(von *ad-esse* – da / anwesend sein, helfen)

i-Konjugation / *ire*

1. i-Konjugation

Die Verben der i-Konj. unterscheiden sich von denen der e-Konj. zunächst nur durch den Kennvokal *-i- (moneo – audio, moneam – audiam, monerem – audirem)*. Abweichungen gibt es bei folgenden Formen:

3. P. Pl. Ind. Präs.:	*mone-nt*	*audi-u-nt*
Ind. Impf.:	*mone-bam*	*audi-e-bam*
Part. Präs. Akt.:	*mone-ns*	*audi-e-ns*
Fut. I:	*mone-b-o* *mone-bi-s* *mone-bi-t*	*audi-a-m* *audi-e-s* *audi-e-t*

Merke:

Die i-Konj. hat das Tempuszeichen ***-e-*** für das Fut. I (in der 1. P. Sg. das Tempuszeichen ***-a-***).
Die Form *audiam* ist daher zweideutig, sie kann die 1. P. Sg. Kj. Präs. oder die 1. P. Sg. Fut. I bezeichnen.

2. *ire* und Komposita

ire (und Komposita) bilden den **Ind. / Kj. Präs.** sowie den **Kj. Impf.** nach der i-Konj. mit der Besonderheit, dass vor den Vokalen a, o, u der Stammvokal *-i-* zu *-e-* wird, z. B.:

audi-o	***e**-o*
audi-s	*i-s*
audi-unt	***e**-unt*
audi-am	***e**-am*
audi-ens, audi-entis	*i-ens, **e**-untis*

Ind. Impf. und **Fut. I** werden dagegen wie bei der a/e-Konj. gebildet:

lauda-bam / mone-bam	*i-bam*	(aber: *audi-ebam*)
lauda-bo / mone-bo	*i-bo*	(aber: *audi-am*)

Der **Perfektstamm** von *ire* ist *i-*, also lauten die Formen: *i-i, i-it, i-eram* etc.; nur vor -s- wird *ii* zu *i* zusammengezogen: daher *isti, istis, isse, issem*.

23 Von Rom zum Rubikon

velle, nolle, malle

Stoff: *velle, nolle, malle*

Optimates cum consilia Caesaris comperissent, omni modo impedire voluerunt, ne Caesar consul crearetur. Is autem et opibus Crassi divitissimi et auctoritate Pompei imperatoris adiutus id, quod semper voluerat, impetravit. Praeterea cum illis viris foedus iniit, ne quid in re publica eveniret, quod tres viri nollent.

Post consulatum decem fere annos Galliae provinciae praefuit. Sub imperio eius Gallia tota expugnata est, quin etiam Rhenum flumen bis transiit, quod Germanos adire volebat. His rebus auctoritas gratiaque Caesaris auctae sunt. Cum autem iterum consulatum petere vellet, senatores, imprimis Pompeius, qui partibus senatus favebat, perturbati sunt et postulaverunt, ut Caesar exercitum dimitteret.

Caesar quidem non nescivit, quae consilia adversarii inire vellent; itaque quam celerrime in Italiam rediit et ad Rubiconem fluvium, qui finis Italiae erat, pervenit. Ibi paulum reputans ad suos dixit: „Nolite timere! Etiam nunc regredi possumus, si id mavultis. Nemini impero, ut mecum eat, cum nolit. Ego quoque pacem habere malo quam bellum gerere. Sin autem fluvium transierimus, bellum civile atrox erit." Cum autem subito ostenta prospera apparuissent, Caesar: „Eamus", inquit, „quo ostenta deorum et inimicorum iniquitas volunt! Alea iacta est."

1 ***impedire, ne*** – verhindern, dass; 2 ***creare*** – wählen; 4 ***impetrare*** – durchsetzen, erreichen; ***ne quid*** – „dass nicht etwas" = dass nichts; 7 ***bis*** – zweimal; 8 ***gratia, ae*** – Beliebtheit; 9 ***iterum*** – zum zweiten Mal; 10 ***partibus senatus favere*** – der Partei des Senats gewogen sein, sich auf die Seite des Senats schlagen; 11 ***dimittere*** – entlassen; 12 ***quidem*** – freilich, allerdings; ***non nescire*** (doppelte Verneinung = verstärkte Bejahung) – genau wissen; 14 ***reputare*** – überlegen, nachdenken; 15 ***regredi*** (Inf.) – umkehren; 16 ***bellum gerere*** – Krieg führen; 17 ***ostentum, i*** – Vorzeichen; ***prosper, era, erum*** – günstig; 18 ***quo*** – wohin; 19 ***iniquitas*** *(iniquus)* – Unrecht; ***alea iacta est*** – der Würfel ist gefallen

velle, nolle, malle

Für die sog. Modalverben *velle* (wollen), *nolle* (nicht wollen) und *malle* (lieber wollen) findest du in jeder Grammatik eigene Konjugationstabellen. Während Formen wie *nolebam* (ich wollte nicht), *malunt* (sie wollen lieber), *vult* (er will) u. a. eigentlich leicht erkennbar sind, wirst du vielleicht bei Formen, die mit anderen Wörtern verwechselt werden können, bisweilen Probleme haben, z. B.:

vis	du willst;	aber auch: die Gewalt
volo	ich will;	aber auch: ich fliege
malo	ich will lieber;	aber auch: dem / durch das Übel

Daher solltest du den Ind. Präs. dieser Verben am besten auswendig lernen:

	velle	***nolle***	***malle***
Indikativ Präsens	*volo*	*nolo*	*malo*
	vis	*non vis*	*mavis*
	vult	*non vult*	*mavult*
	volumus	*nolumus*	*malumus*
	vultis	*non vultis*	*mavultis*
	volunt	*nolunt*	*malunt*

In Kap. 18 hast du den Ausdruck *„Ne deleveris!"* (*ne* + Kj. Perf.) als sog. **Prohibitiv** (= verneinter Imperativ) kennengelernt. Dafür kann im Lateinischen auch die Imperativform von *nolle* + Infinitiv Präs. stehen, also:

Ne deleveris! = Noli delere!	Zerstöre nicht!
Ne deleveritis! = Nolite delere!	Zerstört nicht!

24 Trügerisches Glück

Der Akkusativ mit Infinitiv (AcI)

Stoff: 3. / konsonantische Konj.: v-Perfekt; AcI (Akkusativ mit Infinitiv)

Polykrates (6. Jh. v. Chr.), der König von Samos, zählte zu den mächtigsten und reichsten Herrschern seiner Zeit. Über sein Leben berichtet uns der berühmte griechische Historiker Herodot ziemlich ausführlich.

Herodotus narrat regnum Polycratis in dies crevisse. Ex illius scriptoris rerum libris comperimus Polycratem plurimas insulas urbesque acquisivisse et cum compluribus regibus, in iis cum Amase, rege Aegyptiorum, foedera inisse. Itaque omnes tum homines putabant eum felicissimum omnium esse; Polycrates quoque ipse sibi persuaserat neminem feliciorem esse quam se. Sed Amasis cum vidisset Polycratem a nullo fortuna opibusque superari, decrevit ad regem has litteras dare:
„Amice, magno cum gaudio video te felicem esse. Tibi multae opes suppetunt et suppetent, si di tibi favebunt. Utinam semper felix sis et di tibi adsint! Nam saepe comperi deos magna fortuna mortalium lacessi. Ne appetiveris nimia! Suadeo tibi, ne plures divitias conquiras. Nisi hoc consilium spernis, spero te a dis punitum non iri, deos divitiis tuis lacessitum non iri."
Polycrates his verbis perterritus spopondit se deos lacessiturum non esse. E thesauro suo anulum pretiosissimum exquisivit et in mare iactavit. Sed eundem anulum in ventre piscis a piscatore repertum esse constat. Tum Amasis scivit deos donum regis sprevisse et numquam desituros esse Polycratem odisse. Itaque se ab amico secrevit.
Scimus Polycratem paucis annis post crudeliter perisse.

1 ***in dies*** – von Tag zu Tag, tagtäglich; ***crevi*** – ich bin gewachsen; 5 ***mihi persuasi*** *(persuadere)* – ich bin überzeugt; 9 ***suppetere*** – zur Verfügung stehen; ***utinam*** + Kj. (Wunschformel) – o wenn doch, dass doch; 11 ***nimius, a, um*** – allzu groß, allzu sehr; 14 ***thesaurus, i*** – Schatz; ***anulus, i*** – Ring; 15 ***venter, tris*** – Bauch; ***piscis, is*** – Fisch; davon ***piscator, oris*** – Fischer; 17 ***odisse*** – hassen

crevisse (1), *decrevit* (7), *lacessi* (10), *spernis* (12) etc.
Bisher habt ihr hauptsächlich Verben der sog. vokalischen Konjugationen kennen gelernt, deren Präsensstamm auf einen langen Vokal (a, e, i) endet, z. B.: *lauda-t, mone-nt, audi-tis.*

Die Verben der 3. oder konsonantischen Konjugation, die vor allem zu den gefürchteten „unregelmäßigen Verben" zählen, sind in Wirklichkeit gar nicht so schwierig, wenn ihr euch einige Grundregeln der Formenbildung merkt und dabei die bekannten Konjugationen mit berücksichtigt:

1. Bei dieser neuen Verbgruppe endet der Präsensstamm auf einen Konsonanten, z. B. *spern-, ter-, pet-*. Beginnen nun die zur Formenbildung notwendigen Bildungselemente (Personalendung, Tempus- / Moduszeichen) wiederum mit einem Konsonanten, gäbe es – im Gegensatz zu Verben der vokalischen Konj. *(lauda-t, lauda-bam, audi-ret, mone-re)* – bei den neuen Verben einige Ausspracheprobleme (*spern-nt, ter-t, pet-bam* etc.). Daher werden hier sog. **Erweiterungsvokale** (e, i, u) zwischen Präsensstamm und konsonantisch anlautende Endung eingeschoben, also z. B.: *spern-i-s, spern-u-nt, ter-i-t, pet-e-bam.* Das ist das ganze Geheimnis.

2. Ind. und Kj. Impf. sind in allen Konj. gleich *(laudabat / laudaret, spernebat / sperneret)*.

3. Kj. Präs. wird mit *-a-* gebildet wie bei der e- und i-Konj., der Ind. Fut. I mit *-e-* (in der 1. P. Sg. mit -a-) wie bei der i-Konj., also lauter Bekanntes.

4. Zur Bildung der Perfektformen braucht man (leider) die jeweiligen Stammformen (Tabellen in der Grammatik), die Endungen sind euch schon bekannt.

Schwierigkeiten bereitet häufig der Infinitiv Präsens Passiv, der in der 3. Konj. auf *-i-* endet. Während nämlich eine Form wie *lauda-ri, auge-ri, audi-ri* (gelobt / vermehrt / gehört werden) eigentlich leicht zu erkennen ist, müsst ihr bei Infinitivformen wie *pon-i, duc-i, leg-i, caed-i* (gestellt / geführt / gelesen / getötet werden) schon genau hinschauen, ob z. B. *duci* „dem Führer" oder „geführt werden" heißt.

Ratschlag: Lernt den Ind. Präs. Akt. und Pass. auswendig. Konjugiert in regelmäßigen Abständen an einem Beispiel den ganzen Präsensstamm mit Hilfe der Grammatiktabellen. Wiederholt immer wieder die Stammformen des Perfekts (v-, u-, s-, Dehnungs-, Reduplikationsperfekt usw.) und das P. P. P.

Der Akkusativ mit Infinitiv (AcI)

Der AcI ist eine typische Konstruktion des Lateinischen. Im Deutschen begegnet sie uns nur in Sätzen wie diesen:

Ich sehe	die Kinder	spielen.
Man hört	die Motoren	aufheulen.
Er fühlt	ein Unheil	auf sich zukommen.

Bereits beim „deutschen AcI" erkennt ihr die drei Elemente dieser Konstruktion:

- ein Verbum, von dem der AcI abhängt („ich sehe")
- ein Nomen im Akkusativ („die Kinder")
- einen Infinitiv, der eine Tätigkeit bzw. einen Vorgang beschreibt („spielen")

Im Lateinischen ist der AcI nun sehr viel häufiger, er steht **nach Verben des Sagens, Meinens, Fühlens, der Gemütsbewegung und nach unpersönlichen Ausdrücken**. Diese Verben findet ihr in jeder Grammatik zusammengestellt.

Da in den meisten Fällen ein lateinischer AcI nicht wörtlich wiedergegeben werden kann, geht ihr bei der Übersetzung zunächst am besten nach folgendem Grundschema vor:

Herodotus ***narrat***	***regnum*** (Akkusativ)	*Polycratis in dies*	***crevisse.*** (Infinitiv)
↓	↓		↓
Herodot **erzählt,** dass	**das Reich** (Subjekt)	des Polykrates tagtäglich	**gewachsen ist.** (Prädikat)

Also:

- Bestimme die drei Elemente des AcI.
- Bilde einen dass-Satz.
- Mache den Akkusativ zum Subjekt, den Infinitiv zum Prädikat des dass-Satzes.

Bei den Pronomina im AcI müsst ihr beachten, dass alle Pronomina, die sich auf das Subjekt des übergeordneten Satzes beziehen, in der reflexiven Form *(sui, sibi, se; suus, a, um)* stehen, z. B.:

Polycrates *spopondit* ***se*** *deos divitiis* ***suis*** *lacessiturum non esse.*
Polykrates gelobte, dass **er** die Götter mit **seinem** Reichtum nicht reizen werde.

Die Tempora der lateinischen Infinitive (Präs., Perf., Fut., jeweils Akt. und Pass.) drücken das **Zeitverhältnis** aus, in dem die Handlung des AcI im Vergleich zur Handlung des übergeordneten Satzes steht. Das Tempus des übergeordneten Verbums spielt dabei keine Rolle.

Merke dir daher einfach:

Ausgangspunkt ist immer die Handlung des übergeordneten Satzes:
Ein Infinitiv **Präsens** bedeutet dann, dass die Handlung des AcI **zur gleichen Zeit**,
ein Infinitiv **Perfekt**, dass die Handlung des AcI **vorher**, und
ein Infinitiv **Futur**, dass die Handlung des AcI **nachher** geschieht.

Als Infinitivformen kommen, wie du weißt, in Frage
(Beispiel *spernere* – verschmähen):

	Aktiv	**Passiv**	**Zeitverhältnis**
Präsens	*spernere*	*sperni*	*gleichzeitig*
Perfekt	*sprevisse*	*spretum esse*	*vorzeitig*
Futur	*spreturum esse*	*spretum iri*	*nachzeitig*

Beachte: Bei den mit *esse* gebildeten Infinitiven muss sich natürlich das Prädikatsnomen (Adjektiv bzw. Partizip) im KNG nach dem Akkusativ des AcI richten. Der Inf. Fut. Pass auf *-um iri* ist dagegen indeklinabel, d. h. unverändert.

Beispiele:

Polycrates putat / putavit / putaverat se felicissimum esse.
Polykrates glaubt / glaubte / hatte geglaubt, dass er der Glücklichste ist.

Magister narrat / narravit / narrabit Polycratem a dis punitum esse.
Der Lehrer erzählt / erzählte / wird erzählen, dass Polykrates von den Göttern bestraft wurde.

Polycrates sperat / speravit se a dis punitum non iri.
Polykrates hofft / hoffte, dass er von den Göttern nicht bestraft werden wird.

25 Krösus und Solon

Nominativ mit Infinitiv (NcI)

Stoff: 3. Konj.: v/u-Perfekt; Nominativ mit Infinitiv (NcI); doppelter Akkusativ / Nominativ

Ein Zeitgenosse des Polykrates war Krösus, der König der Lyder (Kleinasien). Sein Reichtum war sprichwörtlich. Auch heute noch nennen wir einen schwerreichen Menschen einen „Krösus". Der König galt in der Antike immer als Beispiel dafür, wie nahe Glück und Unglück beieinander liegen können. Über ihn berichtet vor allem der uns schon bekannte Herodot sehr viel.

Illis temporibus Croesus divitissimus felicissimusque omnium hominum esse dicebatur. Itaque multi viri, qui sapientissimi existimabantur, Sardes venerunt, ut cum Croeso de fortuna hominum dissererent. Solo quoque, unus ex septem sapientibus, forte tum affuit. Croesus, quod illum sapientissimum putabat, eum arcessivisse et consuluisse dicitur: „Solo, sapientissimus omnium hominum esse diceris. Dic mihi, quis felicissimus esse tibi videatur!" Speravit enim se a philosopho nominatum iri. Sed Solo Tellum Atheniensem felicissimum nominavit dicens: „Tellus filios egregios aluit, civitati suae optime consuluit, pro patria pugnans mortem obiit." Croeso quaerenti, quis post Tellum secundus esset, Solo respondit: „Cleobis et Bito, filii sacerdotis Argivae. Cum enim mater eorum in fano, quod longius aberat, sacrificio interesse deberet, ii iuvenes, quod boves nondum aderant, vestem deposuerunt ipsique currum traxerunt. Cum ad fanum pervenissent, mater a dea petivisse dicitur, quod filiis optimum esset. Tum iuvenes laboribus fessi quievisse et mane mortui inventi esse traduntur. Croesus lacessitus Solonem rogavisse dicitur: „Cur istos viros mihi anteposuisti?" Tum Solo: „Croese, id, quod audire vis, dicere non possum, priusquam cognovi te vitam tuam optime finivisse. Scio deos iam in multos, quibus valde faverant, durissime consuluisse. Vita tua in manu deorum posita est."

2 ***Sardes, ium*** – Sardes (Hauptstadt von Lydien); 4 ***forte*** – zufällig; 9 ***mortem obire*** – sterben;
10 ***secundus*** – der zweite; 11 ***Argivus, a, um*** – argivisch, aus Argos; ***fanum, i*** – Heiligtum;
12 ***sacrificium, i*** – Opfer; ***bos, bovis*** – Rind, Ochse; 13 ***traxi*** (Perf. von *trahere*) – ich habe gezogen;
15 ***quievi*** (Perf. von *quiescere*) – ich habe mich zur Ruhe gelegt; ***mane*** – am Morgen, in der Frühe;
18 ***priusquam*** – bevor, ehe

Nominativ mit Infinitiv (NcI)

Einige Verben, die im **Aktiv** den **AcI** nach sich haben, werden dann, wenn sie im Passiv stehen, mit dem **NcI** konstruiert (Das Subjekt des übergeordneten Satzes ist hier zugleich Subjekt des Infinitivs, ein Prädikatsnomen bei ***esse*** steht natürlich dann auch im Nominativ.). Diese Verben findest du in der Grammatik aufgelistet.

Vergleiche:
Herodotus tradit Croesum divitissimum fuisse (*tradere* im Aktiv, daher AcI):
Herodot überliefert, dass Krösus sehr reich war.

Croesus divitissimus fuisse traditur (*tradere* im Passiv, daher NcI):

Möglichkeiten der Übersetzung:

wörtlich (ungeeignet): Krösus wird überliefert, sehr reich gewesen zu sein.
Man überliefert, dass Krösus sehr reich war.
Krösus war, wie überliefert wird, sehr reich.
Krösus war der Überlieferung nach sehr reich.
Krösus soll sehr reich gewesen sein.

Weitere Übersetzungshilfen für den NcI:

Diceris aeger fuisse.
(wörtl.: Du wirst gesagt, krank gewesen zu sein.)
Man sagt, dass du krank warst.
Man sagt, du seist krank gewesen.
Du warst, wie man sagt, krank.
Du sollst krank gewesen sein.

Ähnlich:

Putatur ...	man glaubt, dass er ...; er soll ...
iubentur ...	man befiehlt, dass sie ...; sie erhalten den Befehl ...
cogor ...	ich werde gezwungen ...; man zwingt mich ...; ich sehe mich gezwungen ...; ich muss gezwungenermaßen ...

Doppelter Akkusativ / Nominativ

Eine Reihe von Verben hat, wie du bereits seit Kap. 5 weißt, einen doppelten Akkusativ bei sich, z. B.:

Homines Croesum felicem putabant.
Die Menschen hielten Krösus für glücklich.

Wenn nun diese Verben im Passiv stehen, wird aus dem doppelten Akkusativ ein doppelter Nominativ:

Croesus felix putabatur.
Krösus wurde für glücklich gehalten. / Man hielt Krösus für glücklich.

26 Solon, der erste Reformer Athens

Participium coniunctum (Pc)

Stoff: 3. Konj.: s-Perfekt; *alter, neuter, uterque, alius;*
Participium coniunctum (Pc)

Bevor der Athener Solon seine Reise zu Krösus antrat, musste er in seiner Heimatstadt eine schwere soziale Krise meistern.

Constat Solonem Atheniensibus inter se vehementer confligentibus plurimum profuisse. Illis enim temporibus civitas Atheniensium in duas partes divisa erat: altera ex parte pauci divites nobili genere nati omnes agros possidebant omnibusque magistratibus praeerant, altera ex parte plurimi pauperes magno aere alieno oppressi aut nexi aut in servitutem abstracti erant. Praeterea pauperes pecunia carentes magistratibus vel negotiis publicis interclusi erant.
Cum bellum civile comprimi non iam posse videretur, Solo ob res in bello bene gestas ab utraque parte dilectus summus magistratus creatus est. Cives enim sibi persuaserant Solonem neutri parti favere.
Solo igitur saluti communi consulturus et cives infirmiores a potentioribus protecturus hanc legem scripsisse traditur: Si iura alicuius civis laesa erunt, omni civi, si poterit vel volet, licebit istum, qui scelus tale commiserit, in ius vocare. Solo speravit cives alium alii subvenientes cum civitate magis nexum iri.

3 ***altera ex parte … altera ex parte*** – auf der einen … auf der anderen Seite; ***natus, a, um*** mit Abl. – geboren, stammen aus; 5 ***aes alienum, aeris alieni*** – Schulden; ***nectere*** – verknüpfen, verbinden, hier: in Schuldhaft nehmen; ***necti*** (Passiv) – in Schuldhaft geraten; 6 ***negotia publica*** – Staatsgeschäfte; 8 ***comprimere*** *(premere)* – unterdrücken, verhindern; ***res bene gestae*** *(gerere)* – Erfolge; 9 ***pars*** – hier auch: Seite, Gruppe; 13 ***scelus committere*** – ein Verbrechen begehen, verüben; ***in ius vocare*** – vor Gericht laden

altera (3), *utraque* (9), *neutri* (10) u. a.
Im Text werden mehrmals die sog. **Pronominaladjektive** *alter, neuter, alius* und das Pronomen *uterque* verwendet. Die Besonderheit der Deklination dieser Wörter kennt ihr bereits von Kap. 15 her. Prägt euch nochmals Bedeutung und Formen genau ein:

		Genitiv	**Dativ**
alius, alia, aliud	**ein** anderer	*alterius*	*alii*
alter, altera, alterum	**der** eine / andere (von zweien)	*alterius*	*alteri*
neuter, neutra, neutrum	keiner (von zweien)	*neutrius*	*neutri*
uterque, utraque, utrumque	jeder (von zweien), beide	*utriusque*	*utrique*

Participium coniunctum (Pc)

Die Verbindung eines Substantivs mit einem Partizip ist euch als sog. geschlossene Wortstellung bekannt (➜ Kap. 7). Wir haben dort bei dieser Konstruktion das Partizip mit einem Relativsatz (RS) übersetzt. Daran knüpfen wir nun beim Übersetzungsschema für das Pc an:

Beispiel aus dem Text (leicht verändert).

Cives pauperes aere alieno oppressi in servitutem abstracti sunt.

1. Analysiere das Partizip und bestimme nach der KNG-Regel, auf welches Nomen es sich beziehen muss: *oppressi* (= Gen. Sg. Mask. oder Nom. Pl. Mask.) kann sich nur auf *cives* (= Nom. Pl. Mask. = Sj.) beziehen.

2. Übersetze das Pc zunächst mit einem RS.
Beachte dabei: Ähnlich wie beim AcI bezeichnen die Tempora der Partizipien das Zeitverhältnis, in dem die Handlung des Partizips zur Handlung des Hauptverbums steht. Unterscheide daher genau:

	Tempus d. Part.	Bedeutung	Zeitverhältnis
opprimens	Präsens Aktiv	einer, der unterdrückt	gleichzeitig
oppressus	Perfekt Passiv	einer, der unterdrückt (worden) ist	vorzeitig
oppressurus	Futur Aktiv	einer, der unterdrücken wird / will	nachzeitig

Ü: Die Bürger, die ... bedrückt waren, ...

3. Überlege nun, ob nicht anstelle des Relativpronomens die logische Sinnrichtung des Partizips durch eine Konjunktion besser ausgedrückt werden kann / soll. Mögliche Konjunktionen sind:

als, nachdem, während **(temporal)**

obwohl, wenn auch **(konzessiv)**

indem, wobei, ohne zu, dadurch dass **(modal)**

da, weil **(kausal)**

während **(adversativ)**

um zu (**final**; nur beim Partizip Futur Aktiv auf *-urus*)

An unserer Stelle kommt wohl nur eine kausale Konjunktion in Frage: **Da die Bürger ... bedrückt waren, ...**

4. Nun entscheidet das Stilempfinden, ob du den Gliedsatz (GS) stehen lässt oder das Pc mit einem Hauptsatz (HS) oder Präpositionalausdruck (PA) übersetzen möchtest. In jedem Fall muss aber die Sinnrichtung beibehalten werden, also:

GS: **Da** die Bürger von Schulden bedrückt waren, wurden sie versklavt.

HS: Die Bürger waren von Schulden bedrückt. **Daher** wurden sie versklavt.

PA: **Wegen** des Drucks ihrer Schulden wurden die Bürger versklavt.

27 Das Schicksal des Miltiades

Funktionen des Genitivs und Ablativs

Stoff: Vertiefung: Präpositionen; Kasuslehre; Participium coniunctum (Pc)

Der folgende Text lehnt sich weitgehend an den Originaltext des C. Nepos an. Auch die Wortstellung ist meist beibehalten. Bestimme daher zunächst Haupt- und Gliedsätze (Konjunktionen beachten!), markiere Prädikat und Subjekt und versuche dann die Übersetzung.
Miltiades hatte in der Schlacht bei Marathon (490 v. Chr.) die Athener zum Sieg über die Perser geführt. Sein Ruhm war entsprechend groß, jedoch auch der Neid seiner Mitbürger. Dies musste er nach einem missglückten Feldzug gegen die Insel Parus erfahren.

Post proelium ad Marathonem commissum classem septuaginta navium Athenienses Miltiadi dederunt, ut insulas, quae barbaros adiuverant, subigeret. Plerasque ad officium redire coegit, nonnullas vi expugnavit. Ex his Parum insulam cum oratione reconciliare non posset, copias e navibus eduxit, urbem operibus clausit omnique commeatu interclusit, deinde vineis ac testudinibus propius muros accessit. Subito lucus procul in continenti aliquo casu incensus est. Parii putantes signum a classe regis Persarum datum esse, a deditione deterriti sunt. Miltiades autem timore adventus classis adductus Athenas magna cum invidia civium suorum rediit.
Accusatus ergo est proditionis, quod, cum Parum expugnare posset, a rege corruptus infectis rebus discessisset. Eo tempore aeger erat vulneribus, quae Parum oppugnans acceperat. Itaque, quoniam ipse pro se dicere non posset, verba fecit frater eius Stesagoras. Cum causa cognita esset, capitis absolutus pecunia multatus est eaque lis quinquaginta talentis aestimata est. Tantam vim pecuniae quod solvere in praesentia non poterat, in vincula publica coniectus est ibique diem obiit supremum.

1 ***septuaginta*** – siebzig; 3 ***officium, i*** – Pflicht; 4 ***oratione*** – mit einer Rede, mit Worten; ***reconciliare*** – wiedergewinnen; 5 ***opera, um*** n. – Belagerungsanlagen; ***commeatus, us*** – Nachschub; ***vineae ac testudines*** – Schutz– und Schirmdächer; 6 ***lucus, i*** – Hain, Wald; 7 ***Parii, orum*** – die Parier (Bewohner von Parus); 8 ***deditio, onis*** *(dedere)* – Übergabe, Kapitulation; 10 ***proditio, onis*** *(prodere)* – Hochverrat; ***cum*** – hier konzessiv: obwohl; 11 ***infectis rebus*** – unverrichteter Dinge, erfolglos; ***aeger, gra, grum*** – krank; 12 ***accepi*** – ich habe erhalten; 13 ***causam cognoscere*** – den Fall gerichtlich untersuchen; 14 ***lis, litis*** f. – hier: Entschädigungssumme; ***quinquaginta*** – fünfzig; ***talentum, i*** – das Talent (ca. 26 kg Gold oder Silber, also eine riesige Geldsumme); 15 ***in praesentia*** – im Augenblick; 16 ***coniectus sum*** – ich bin geworfen worden; ***diem supremum obire*** = *mortem obire*

Funktionen des Genitivs und Ablativs

Im Arbeitstext kommen mehrere Genitive und Ablative vor. Im Folgenden sind die Funktionen dieser Kasus mit je einem Beispiel aus dem Text aufgelistet. Versuche, alle diese Kasus des Textes den Funktionen zuzuordnen. Informiere dich in der Grammatik genauer über die genannten Funktionen.

Der Genitivus qualitatis bezeichnet die Eigenschaft einer Sache:
classis septuaginta navium — eine Flotte von 70 Schiffen

Der Genitivus possessivus bezeichnet die Zugehörigkeit, den Besitz einer Sache:
classis regis — die Flotte des Königs

Der Genitivus subiectivus drückt aus, wer Träger einer Handlung / Empfindung ist:
invidia civium — Hass, Anfeindung der Bürger

Der Genitivus obiectivus dagegen zeigt an, worauf sich eine Handlung / Empfindung richtet:
timor adventus — Furcht vor der Ankunft

Der Genitivus criminis bezeichnet den Tatbestand bei Verben der Gerichtssprache:
proditionis accusare — wegen Hochverrats anklagen

Der Genitivus partitivus drückt die Gesamtmenge aus, von der ein Teil angegeben ist:
vis pecuniae — eine Menge des Geldes, eine Menge Geld

Der Ablativus instrumentalis bezeichnet das Mittel, mit dem die Handlung ausgeführt wird:
operibus claudere — mit Belagerungsanlagen einschließen

Der Ablativus separativus drückt aus, wovon eine Sache getrennt ist bzw. herkommt:
commeatu intercludere — vom Nachschub abschneiden

Mit dem Ablativus modi wird angegeben, auf welche Art und Weise die Handlung abläuft:
aliquo casu — durch einen Zufall

Der Ablativus sociativus nennt die Begleitumstände einer Handlung:
magna (cum) invidia redire — unter großer Anfeindung zurückkehren

Der Ablativus temporis gibt den Zeitpunkt der Handlung an:

eo tempore	zu diesem Zeitpunkt

Der Ablativus causae bezeichnet den Grund einer Handlung bzw. eines Zustands:

aeger vulneribus	krank infolge der Verwundungen

Der Ablativus pretii drückt den Wert aus, um den es bei einer Handlung geht:

quinquaginta talentis aestimare	um den Wert von 50 Talenten einschätzen, auf 50 Talente festlegen

28 Themistokles, der Sieger von Salamis

Prädikativum

Stoff: 3. Konj.: Reduplikationsperfekt; Prädikativum; Ablativus comparationis

Auch der Athener Themistokles gehörte zu den siegreichen Feldherrn gegen die Perser, vor allem als Sieger in der Seeschlacht bei Salamis 480 v. Chr.

Themistocles admodum iuvenis a patre exheredatus est, quod rem familiarem plus aequo neglexerat. Ubi intellexit eam contumeliam sine summa industria tolli non posse, totum se rei publicae dedidit. Saepe contionibus ipse intererat, nulla res maior sine eo gerebatur.
Persae cum ad Thermopylas Leonidam comitesque eius occidissent, Athenas contenderunt, urbem, arcem templaque incenderunt. Hoc incendio perculsi plurimi nautarum, qui ad Salamina adventum hostium trepidi exspectabant, classem relinquere volebant. Tum Themistocles unus huic consilio restitit dixitque: „Graeci universi Persis pares erunt, dispersi autem occident." Sed cum intellegeret eos retineri non posse, dolum adhibuit.
Noctu de servis suis unum, quo fideliorem non habuit, ad Xerxem regem misit, ut illi nuntiaret: „Graeci desistent pugnare, iam in fuga sunt. Si diversi discesserint, bellum maiore cum labore finies et cogeris eos singulos petere. Sin celerius exspectatione accedes, brevi universos vinces." Xerxes, qui nesciebat, quid Themistocles intenderet, verbis nuntii non invitus credidit proeliumque commisit, ex quo victus discessit.

1 ***admodum*** – völlig, ganz, sehr; ***exheredare*** *(heres)* – enterben; 2 ***ubi*** mit Ind. Perf. – sobald; ***contumelia, ae*** – Schande, Schmach; 4 ***contio, onis*** – Volksversammlung; 5 ***Thermopylae, arum*** – Thermopylen (Engpass in Mittelgriechenland, wo 480 v. Chr. der Spartanerkönig Leonidas mit seinen Leuten völlig aufgerieben wurde); 7 ***ad Salamina*** (griechischer Akk.) – bei Salamis (Insel vor Attika); 9 ***par, paris*** – gleich, ebenbürtig, gewachsen; ***dispersus*** *(dispergere)* – zerstreut; 11 ***fidelis, e*** – treu, zuverlässig; 13 ***petere*** – hier: angreifen

occidissent (5), *occident* (9):
Die Komposita von *caedere* (niederhauen, fällen) und *cadere* (fallen) werden häufig verwechselt. Merkt euch grundsätzlich: *caedere* und Komposita sind transitiv, d. h., sie haben ein Akkusativobjekt bei sich und bilden ein persönliches Passiv, *cadere* und Komposita sind intransitiv, d. h., sie haben kein Akkusativobjekt bei sich und bilden kein Passiv. Also muss *occidissent* (hat *Leonidam comitesque* als Akkusativobj. bei sich) von *occidere* – „töten" kommen, *occident* dagegen (ohne Akkusativobj.) von *occidere* – „untergehen".

cogeris (13):
Diese Form von *cogere* (sammeln, zwingen) ist zweideutig, da das -*e*- vor der Passivendung -*ris* entweder Erweiterungsvokal im Ind. Präs. oder Tempuszeichen für das Fut. I sein kann. Die Entscheidung liefert die eindeutige Futurform *finies*.
Also: *cogeris* ist hier 2. P. Sg. Ind. Fut. I Pass.: du wirst gezwungen werden
du wirst dich gezwungen sehen
du wirst müssen

Prädikativum

Während das Adverb den Umstand (Zeit, Ort, Art und Weise, Grund) näher bestimmt, unter dem eine Handlung abläuft, bezeichnet das Prädikativum (= prädikatives Attribut) den Zustand, in dem die Handlung geschieht; meist wird mit dem Prädikativum ein Amt, Lebensalter, die körperliche / seelische Verfassung, Reihenfolge oder eine Hervorhebung ausgedrückt. Solche prädikativen Attribute, die ihr in der Grammatik zusammengestellt findet, übersetzt ihr am besten mit „als" oder einem Adverb.

Beispiele aus dem Text (gekürzt):

Themistocles iuvenis exheredatus est.
Themistokles wurde als junger Mann / in jungen Jahren enterbt.

Themistocles contionibus ipse intererat.
Themistokles nahm persönlich an Versammlungen teil.

Nautae trepidi exspectabant.
Die Matrosen warteten ängstlich / voller Angst.

Graeci universi pares erunt.
Die Griechen werden (nur) zusammen / alle zusammen / geschlossen ebenbürtig sein.

Xerxes verbis non invitus credidit.
Xerxes vertraute den Worten nicht ungern / recht gern.

S

plus aequo (2), *quo fideliorem* (11), *celerius exspectatione* (14):
Der Ablativus comparationis steht nach einem Komparativ (statt *quam* + Nominativ oder Akkusativ) und bezeichnet den Vergleichspunkt (Frage: „im Vergleich zu wem / wozu, verglichen mit wem?")

Beispiel (nach dem Text):

Nemo fidelior erat ***servo (= quam servus).***
Niemand war zuverlässiger als der Sklave.
Im Vergleich zum Sklaven war niemand zuverlässiger.

Häufig steht dieser Ablativ in Wendungen wie:

plus aequo	mehr als recht und billig, ungebührlich viel
celerius exspectatione	schneller als erwartet, unerwartet schnell
maior solito	ungewöhnlich groß

Weitere Ausdrücke findet ihr in der Grammatik.

Nicht selten wird der **Ablativus comparationis** mit einem Relativsatz kombiniert:

Beispiel:

Themistocles de servis unum, ***quo*** *fideliorem non habuit, ad Xerxem misit.* (11)

Hier gibt es zwei Möglichkeiten zur Übersetzung:

wörtlich:
Themistokles schickte einen von seinen Sklaven, **im Vergleich zu dem** er keinen zuverlässigeren hatte, zu Xerxes.

Apposition mit Superlativ:
Themistokles schickte einen von seinen Sklaven, **den zuverlässigsten, den** er hatte, zu Xerxes.

29 Ein Putsch wird vorbereitet

Indefinitpronomina

Stoff: Indefinitpronomina; historischer Infinitiv

Im Jahr 63 v. Chr. plante der römische Adlige Catilina einen Staatsstreich, da er das Konsulat auf legalem Wege nicht erreichen konnte. Über diese kriminelle Aktion sind wir durch den Historiker Sallust gut informiert.

Apud Sallustium legimus vix ullum maius monstrum in terris fuisse Catilina. Cum eius res familiaris luxuria consumpta esset, incredibili quadam cupiditate impulsus est, ut rem publicam opprimeret. Itaque undique iuvenes, si quos ad sua consilia idoneos putabat, circum se cogebat. Vix quisquam cum Catilina amicitiam iunxit, qui non scelus aliquod commisisset; denique sceleratissimus quisque et humillimus Catilinae amicus intimus erat. Quodsi quis a culpa vacuus in amicitiam eius inciderat, cottidiano usu facillime similis ceteris factus est. Quidam etiam contendebant Catilinam nocte quadam unicuique socio vinum sanguine humano permixtum porrexisse; existimabat enim hoc modo socios inter se magis nexum iri. Postquam autem iterum a consulatu repulsus est, furore quodam captus in dies plura agitare: arma per Italiam locis quibusdam parare, pecuniam suam Faesulas ad Manlium quendam portare, homines cuiusque generis, etiam mulieres quasdam, sollicitare sibique conciliare. Postremo quoscumque flagitium aliquod domo expulerat, ii Romam in sentinam quandam confluere.

2 ***incredibilis, e*** – unglaublich; 3 ***rem publicam opprimere*** – „den Staat überfallen“, einen Staatsstreich durchführen; ***undique*** – von allen Seiten; 4 ***idoneus, a, um*** – geeignet; 6 ***denique*** – hier: kurz gesagt, kurzum; ***humilis, e*** – niedrig; ***intimus, a, um*** – der innerste, der engste; 7 ***vacuus, a, um*** *(vacare)* – frei von; ***in amicitiam incidere*** *(cadere)* – in den Freundeskreis geraten; ***usus, us*** – Umgang, Verkehr; 8 ***factus est*** – er ist geworden; 10 ***porrigere*** *(regere)* – darreichen; 12 ***in dies plura*** – von Tag zu Tag mehr; ***agitare*** – betreiben, unternehmen; 13 ***Faesulae, arum*** – Fäsulä (heute Fiesole bei Florenz); 14 ***postremo*** – hier: letztlich, mit einem Wort (vgl. *denique*); 15 ***flagitium, i*** – Schandtat; ***sentina, ae*** – (eig. Kielwasser) Kloake, Gosse

Indefinitpronomina

Die Indefinitpronomina (unbestimmte Fürwörter), die den Schwerpunkt des Arbeitstextes bilden, werden substantivisch (d. h., sie stehen allein) oder adjektivisch (d. h., sie sind mit einem Substantiv nach der KNG-Regel verbunden) gebraucht. Sie gehören zu den unverzichtbaren Wortschatzkenntnissen (leider auch zu häufigen Fehlerquellen). Daher solltet ihr sie nicht nur einmal auswendig lernen, sondern ständig wiederholen. Eine Hilfe bietet euch die folgende Übersicht.

substan-tivisch	**adjek-tivisch**	**Bedeutung**	**Anmerkungen**
quis m. *quid* n.	*qui* m. *quae* f. *quod* n.	(irgend)einer (irgend)eine (irgend)etwas	steht nach sog. Stützwörtern wie: *si, nisi, ne, num, quo, quanto, ubi, cum* also: *si quis* – wenn einer; *ne quid* – dass nichts
aliquis m. *aliquid* n.	*aliqui* m. *aliqua* f. *aliquod* n.	(irgend)einer usw.	steht bei fehlenden Stützwörtern (s. o.) bzw. bei Betonung und nur in Sätzen mit positivem Sinn
quisquam m. *quicquam* n.	*ullus* m. *ulla* f. *ullum* n.	(irgend)einer usw.	nur in Sätzen mit negativem Sinn; meist in Verbindung mit: *vix, neque, nec, sine* also: *vix quisquam* – kaum einer; *sine ulla spe* – ohne jede Hoffnung
quidam m. *quiddam* n.	*quidam* m. *quaedam* f. *quoddam* n.	ein gewisser ein bestimmter usw.	**Merke folgende Wendungen:** *quidam* (Nom. Pl. Mask.) – einige, manche *furor quidam* – eine Art / sozusagen / gewissermaßen Wahnsinn *incredibilis quaedam cupiditas* – eine geradezu unglaubliche Gier

substantivisch	adjektivisch	Bedeutung	Anmerkungen
quisque m. *quidque* n.	*quique* m. *quaeque* f. *quodque* n.	jeder (einzelne) usw.	steht nach Relativ-, Reflexiv-, Interrogativpronomina, Ordinalzahlen und Superlativen; sonst mit *unus* verbunden Merke besonders *quisque* mit Superlativ: *optimus quisque* – gerade die Besten, alle Guten
nemo m. *nihil* n.	*nullus* m. *nulla* f. *nullum* n.	keiner, niemand usw.	
Die Pronomina *quivis / quilibet* (jeder Beliebige) kommen nur selten vor.			

agitare, parare, portare, sollicitare, conciliare, confluere (12ff.):
historische Infinitive

Bei lebhafter, anschaulicher Darstellung von Ereignissen, die sich in einer entscheidenden, dramatischen oder hektischen Phase befinden, verwendet der Lateiner gern statt des Indikativs Perfekt (Erzähltempus) den Indikativ Präsens (historisches Präsens, ➔ Kap. 10), daneben auch, wie in unserem Text, den **Infinitiv Präsens (historischer Infinitiv)**. Für die Übersetzung verwendet ihr am besten das Präteritum (Imperfekt).

30 Aus Neros Regierungszeit: Nero und Agrippina

Ablativus absolutus (Ablativ mit Partizip)

Stoff: 3. Konj.: Verben mit Präsensstamm auf -u; Ablativus absolutus (Ablativ mit Partizip)

Kaiser Nero (54–68 n. Chr.) ist euch sicherlich kein Unbekannter. Obwohl seine ersten Regierungsjahre bereits durch Morde überschattet waren, empfand man sie damals als glücklich, vor allem wegen des Einflusses seiner Erzieher, des Prätorianerpräfekten Burrus und des Philosophen Seneca. Doch konnten auch sie das drohende Schreckensregiment Neros nicht verhindern.

Imperatore Claudio per dolum Agrippinae necato Nero imperator declaratus est. Initio imperii eius Agrippinam multis viris Nerone nesciente necem parare constituisse scimus. Putabat enim illis necatis neminem Neroni obstare posse. Tamen ille imperator iuvenis imperium felix inire videbatur Burro praefecto Senecaque philosopho iuvenem regentibus.

Sed iam imperio ineunte certamen potentiae inter Neronem et matrem exarsit odio invidiaque utriusque in dies crescentibus. Et Britannico veneno sublato Agrippina, quae antea numquam ab insidiis neceque abhorruerat, metuebat, ne ipsa a filio occideretur. Et profecto Nero parricidium paravit. Suadente liberto quodam constituit matrem naufragio simulato necare. Sed cum id scelus in irritum cecidisset, Nero eundem libertum iussit caedem nefariam committere Seneca Burroque non impedientibus.

1 ***Claudius*** – Kaiser Claudius, der Vorgänger Neros; ***Agrippina*** – Agrippina, die Mutter Neros; 7 ***Britannicus*** – Britannicus, der Bruder Neros; ***venenum, i*** – Gift; 9 ***ne*** – dass (nach einem Ausdruck des Fürchtens wie *metuere, timere*); ***parricidium, i*** – Vatermord; hier natürlich: Muttermord; 10 ***libertus, i*** – Freigelassener (ehemaliger Sklave); ***naufragium, i*** – Schiffbruch; 11 ***in irritum cadere*** – fehlschlagen; 12 ***nefarius, a, um*** *(nefas)* – frevelhaft

Ablativus absolutus (Ablativ mit Partizip)

Zu den typischen lateinischen Konstruktionen gehört, wie ihr wisst, der Ablativus absolutus. Er besteht aus zwei Elementen, aus einem **Nomen** (Substantiv, Pronomen, substantiviertes Adjektiv) und einem **Partizip** im **Ablativ** und ersetzt immer, im Gegensatz zum Pc, eine adverbiale Bestimmung im Satz (temporal, kausal, modal, konzessiv, adversativ, konditional).

Wie beim Pc (➔ Kap. 26) prägt ihr euch am besten ein Grundschema für die Übersetzung ein. Wir verwenden dazu zwei Beispiele (vereinfacht) aus dem Text:

Claudio necato Nero imperator declaratus est.
Agrippina multis viris Nerone nesciente necem paravit.

1. Bestimme die zwei Elemente des Ablativus absolutus und kennzeichne sie:

Claudio necato / Nerone nesciente

2. Bilde mit diesen Elementen einen temporalen Gliedsatz (was häufig schon ausreicht), der beim Part. Perf. Pass. mit „nachdem", bei einem Part. Präs. Akt. mit „während" eingeleitet werden sollte.
Der Ablativ wird dabei zum Subjekt, das Partizip zum Prädikat dieses Temporalsatzes.

	Claudio (Abl.) ↓	*necato* (Part. **Perf.** Pass.) ↓
nachdem	Claudius (Sj.)	ermordet worden war (Präd.)
	Nerone (Abl.) ↓	*nesciente* (Part. **Präs.** Akt.) ↓
während	Nero (Sj.)	nicht(s) wusste (Präd.)

3. Überprüfe nun, ob die temporale Auflösung ausreicht oder durch eine andere Sinnrichtung (andere Konjunktion) zu ändern ist (➔ Kap. 26).
Unser Beispiel:

Claudio necato: temporale Sinnrichtung kann bleiben („nachdem")
Nerone nesciente: modale Sinnrichtung besser („wobei")

4. Nun kommt es wieder auf dein Stilempfinden an, ob die Konstruktion durch einen GS, HS oder PA wiedergegeben werden soll. Wichtig ist aber in jedem Fall, dass die entsprechende Sinnrichtung immer zum Ausdruck kommt.

Vergleiche die drei Möglichkeiten und entscheide, welche dir besser erscheint.

GS: **Nachdem** Claudius ermordet worden war, wurde Nero zum Kaiser ausgerufen.

HS: Claudius wurde ermordet; **darauf** wurde Nero zum Kaiser ausgerufen.

PA: **Nach** der Ermordung des Claudius wurde Nero zum Kaiser ausgerufen.

GS: Agrippina ließ viele Männer ermorden, **wobei** Nero nichts davon wusste (**ohne dass** Nero etwas davon wusste).

HS: Agrippina ließ viele Männer ermorden; **dabei** wusste Nero nichts davon.

PA: Agrippina ließ viele Männer **ohne** Wissen Neros ermorden.

31 Ein Staatsstreich wird geplant

Ablativus absolutus: Ergänzung

Stoff: Ablativus absolutus: Ergänzung; Genitiv bei unpersönlichen Verben; Akkusativ des Inhalts

Die Missstände in Rom verschlimmerten sich von Tag zu Tag, vor allem da Burrus auf ungeklärte Weise ums Leben kam und Nero sich daraufhin von Seneca immer mehr abwandte. Noch dazu kam es kurz darauf in Rom zu einer verheerenden Brandkatastrophe.

1 Nerone imperatore urbem Romam incendio gravi atrocique vastatam esse constat. Fama quidem tum erat hoc incendium Neroni non ingratum fuisse; iam pridem enim id studebat, ut domum regiam ingentem sibi soli exstrueret. Itaque tota fere urbe exusta id, quod semper intenderat, etiam senatu invito peragere potuit.

Sed Nerone domum aliaque aedificia ingenti sumptu exstruente complures senatores equitesque, quos flagitiorum Neronis maxime taedebat, auctore Pisone quodam inter se contra Neronem coniuraverunt idque unum egerunt, ut Neronem infestum tollerent. Praefecto praetorii quoque conciliato coniurati statuerunt Neronem ludis circensibus occidere.

Sed constat coniurationem imprudentia unius ex coniuratis proditam esse. Is enim pridie insidiarum libertum suum iusserat pugionem apportare et asperare, praeterea ligamenta vulneribus parare. Libertus autem domino talia iubente in suspicionem venit. Sperans domino prodito pecuniam potentiamque magnam sibi datum iri, omnia, quae animadverterat, domino ignaro Neroni nuntiavit. Talis perfidiae eum non puduit.

2 ***fama est*** mit AcI – es geht das Gerücht, dass; ***ingratus*** – unwillkommen; ***non ingratus*** (doppelte Verneinung) – recht willkommen, sehr gelegen; 3 ***iam pridem*** – schon lange; ***domus regia*** – Palast; 4 ***exurere, -uro-, -ussi, -ustum*** – völlig ausbrennen, einäschern; 6 ***sumptus, us*** – Aufwand, Kosten; 7 ***flagitium, i*** – Schandtat; 9 ***infestus*** – verhasst; ***praefectus praetorii*** – Prätorianerpräfekt (wichtigster Mann nach dem Kaiser, Polizei- / Truppenkommandant von ganz Italien);
10 ***ludi circenses*** – Zirkusspiele; 11 ***imprudentia, ae*** – Unvorsichtigkeit; 12 ***pridie*** – am Vortag; ***pugio, onis*** – Dolch; 13 ***asperare*** *(asper)* – wetzen, schärfen; ***ligamentum, i*** – Verband(material);
14 ***in suspicionem venire*** – Verdacht schöpfen; 16 ***ignarus*** – unwissend; ***perfidia, ae*** – Untreue, Treulosigkeit

exstruere (4, 6):
Es ist klar, dass Nero nicht selbst seinen Palast baut, sondern ihn bauen „lässt". Achte daher bei Ausdrücken wie z. B. *aedificare* (bauen), *tollere* (beseitigen), *occidere* (töten), *facere* (tun, machen) darauf, ob jemand etwas selbst macht oder etwas tun lässt.

animadvertere (15):
Merke dir die beiden wichtigsten Bedeutungen dieses Verbs bei verschiedener Konstruktion:

animadvertere aliquid	etwas bemerken, wahrnehmen
animadvertere in aliquem	gegen jemanden vorgehen, Maßnahmen ergreifen

ähnlich:

consulere aliquem	jemanden um Rat fragen
consulere in aliquem	gegen jemanden vorgehen

aber:

consulere alicui	sich um jemanden kümmern, für jemanden sorgen

Ablativus absolutus: Ergänzung

Statt eines Partizips im Ablativ kann gelegentlich zum Nomen auch ein Substantiv oder Adjektiv hinzutreten. Man übersetzt solche Wendungen dann in der Regel mit einem Präpositionalausdruck. Am besten prägst du dir die häufigsten Wendungen samt Übersetzung ein:

Textbeispiele:

Nerone imperatore	unter der Regierung / Herrschaft Neros
senatu invito	gegen den Willen des Senats
Pisone auctore	auf Veranlassung Pisos
domino ignaro	ohne Wissen des Herrn

weitere Beispiele:

Romulo rege	unter der Herrschaft des Romulus
Hannibale duce	unter der Führung Hannibals
Cicerone consule	unter dem Konsulat Ciceros
patre mortuo	nach dem Tod des Vaters

quos flagitiorum taedebat (7) , *perfidiae eum non puduit* (16):
Unpersönliche Verben (stehen immer in der 3. P. Sg.) der Empfindung wie *piget* (es verdrießt), *pudet* (es beschämt), *paenitet* (es reut), *taedet* (es ekelt, bereitet Abscheu) haben die **Person** als **Akkusativobjekt** und den **Bereich der Empfindung** als **Genitivobjekt** bei sich. Du kannst zwar zunächst bei diesen Wendungen auf eine wörtliche Hilfsübersetzung zurückgreifen, solltest dich aber dann um eine bessere Wiedergabe ins Deutsche bemühen, z. B.:

Eos flagitiorum taedebat.	(„Es ekelte sie der Schandtaten".): Sie verabscheuten die Schandtaten; sie waren von den Schandtaten angewidert.
Eum perfidiae non puduit.	(„Es beschämte ihn nicht der Treulosigkeit".): Er schämte sich nicht / empfand keine Scham wegen seiner Treulosigkeit.

ähnlich:

Paenitet me facti.	Ich bereue die Tat.
Paenitet me fortunae meae.	Mein Schicksal befriedigt mich nicht; ich bin unzufrieden mit meinem Los; ich hadere mit meinem Schicksal.
Piget me laboris.	Die Arbeit bereitet mir Verdruss; ich empfinde Unlust bei der Arbeit.

id studebat (3), *id egerunt* (9):
Bei manchen Verben bezeichnet ein Pronomen im Neutrum Akkusativ den Inhalt des Verbums näher **(Akkusativ des Inhalts)**. Merke dir die wichtigsten Wendungen:

id studere	sich darum bemühen, dieses Ziel verfolgen
id agere	darauf hinarbeiten, sich dafür einsetzen
id suadere	dazu raten
id rogare	danach fragen, darum bitten
Quid rogas?	Warum / wozu / wonach fragst du?

32 Römischer Eroberungsdrang: kritische Stimmen

Das Gerundium

Stoff: 3. Konj.: Präsensstamm auf *-i-*; Gerundium

Der gewaltige Eroberungsdrang der Römer war schon in der Antike auf Kritik gestoßen. Man sah nicht nur das Wachsen des Reiches, sondern auch, auf wessen Kosten und mit welchen Methoden die Römer ihr Reich (Imperium) geschaffen hatten.

Ex iis, quae rerum scriptores antiqui memoriae prodiderunt, facile intellegi potest Romanis multas variasque causas bella suscipiendi et populos subiciendi fuisse. Hannibale devicto Carthagineque subiecta Romanorum multum intererat fines imperii augere bellum ex bello serendo. Nullam occasionem praedam ingentem faciendi praetermittebant et nonnumquam in vincendo, evertendo diripiendoque crudeliores se praebebant. Imprimis multis victoriis ex hostibus partis urbibusque pulcherrimis captis magnas manus captivorum Romam vexerunt, ubi magno vel parvo emi poterant. Iam illis temporibus quidam contenderunt Romanos decipiendo, rapiendo, terrorem iniciendo totum orbem terrarum sibi subiecisse. At Romani iterum atque iterum affirmabant se nihil aliud nisi id contendere, ut defendendo socios aut propulsando hostes commodis patriae consulerent.
Sed illius vocis Lactantii memores simus: „Quantum a iustitia recedat utilitas, populus ipse Romanus docet, qui per fetiales bella indicendo et legitime iniurias faciendo semperque aliena cupiendo atque rapiendo possessionem sibi totius orbis terrarum paravit."

1 ***memoriae prodere*** – geschichtlich überliefern; 3 ***devincere, -vinco, -vici, -victum*** – völlig besiegen; 4 ***bellum ex bello serere*** – einen Krieg nach dem anderen führen (eig. aneinander reihen); 12 ***propulsare*** – abwehren; ***commodis consulere*** – für die Vorteile sorgen, die Interessen im Auge haben; 13 ***vox, vocis*** – hier: Wort, Ausspruch; ***Lactantius*** – Laktanz (christlicher Autor des 3. / 4. Jh. n. Chr.); ***memor sum alicuius rei*** – „ich bin eingedenk einer Sache", ich erinnere mich an etwas; ***recedere*** – abweichen; ***utilitas, atis*** *(utilis)* – Nutzen, Nützlichkeitsdenken; 14 ***fetiales, ium*** – die Fetialen (Priesterkollegium, das u. a. für die rituelle Kriegserklärung zuständig war; durch die Einhaltung gewisser Zeremonien waren die Römer der Auffassung, dass sie einen gerechtfertigten Krieg führten)

Zur 3. Konjugation zählen auch die Verben, deren Präsensstamm mit einem **kurzen** *-i-* endet, im Gegensatz zu den Verben der i-Konjugation (4. Konj.), deren Präsensstamm mit dem **langen Kennvokal** *-i-* endet. Im Lexikon findet ihr daher folgende Angaben:

capio 3, d. h. *capio*, von *capere*, gehört zur 3. (kurzvokalischen) i-Konjugation,

audio 4, d. h. *audio*, von *audire*, gehört zur 4. i-Konjugation.

Wer die 4. Konjugation beherrscht, muss bei den neuen Verben lediglich zwei Regeln beachten:

1. Am Wortende wird ein auslautendes *i* zu *e*.
2. Vor einer Personalendung, die mit *r* beginnt, wird ebenfalls das auslautende *i* zu *e*.

In der folgenden Übersicht sind die Formen zusammengestellt, die bei den Verben der 3. kurzvokalischen i-Konjugation (Beispiel *capere*) und den Verben der 4. i-Konjugation (Beispiel *audire*) unterschiedlich sind:

Verbalform	***capere* – fassen**	***audire* – hören**
Inf. Präs. Akt.	*cápe-re*	*audí-re*
Inf. Präs. Pass.	*cap-i*	*audi-ri*
Imp. Präs.	*cap-e*	*audi*
Kj. Impf. Akt.	*cápe-rem*	*audí-rem*
Kj. Impf. Pass.	*cápe-rer*	*audí-rer*
2. P. Sg. Ind. Präs. Pass.	*cápe-ris*	*audí-ris*

Wenn du lateinische Texte liest, musst du bei der Betonung (´) Unterschiede machen, z. B.: *cápimus – audímus, cápitis – audítis, cápitur – audítur, cápite – audíte* etc.

magno vel parvo emi (8):
Der Ablativ bei Verben des Kaufens, Verkaufens u. Ä. (*emere* – kaufen; *vendere* – verkaufen; *locare* – vermieten; *conducere* – mieten; *stare / constare* – kosten) bezeichnet eine allgemeine Preis- und Wertangabe (Ablativus pretii).
Merke dir folgende Wendungen (Beispiel *emere*):

magno	*emere*	teuer	kaufen
plurimo		sehr teuer	
parvo		billig	
minimo		sehr billig	

Das Gerundium

Das Gerundium (kürzer: Gerund) ist ein von einem Verbum gebildetes Substantiv im Singular (Verbalsubstantiv). Es ersetzt die sog. obliquen Kasus (d. h. Gen., Dat., Akk., Abl.) des substantivierten Infinitivs (vgl. im Deutschen: das Lesen, des Lesens, zum Lesen, durch das Lesen usw.).

Bildung des Gerunds

Das Gerund wird gebildet, indem an den Präsensstamm der Verben *-nd* und die Endungen der **o**-Deklination angehängt werden. Nur bei der 4. langvokalischen i-Konj. und der 3. konsonantischen und kurzvokalischen i-Konj. (→ Kap. 32) wird ein ***e*** an den Präsensstamm angefügt, also:

Verbum im Inf.	**Konjugation**	**1. P. Sg. Ind. Präs. Akt.**	**Gerund im Gen.**
laudare	1. a-Konj.	*laud-o*	*lauda-ndi*
monere	2. e-Konj.	*mone-o*	*mone-ndi*
regere	3. konsonant. Konj.	*reg-o*	*reg-e-ndi*
capere	3. kurzvokal. i-Konj.	*capi-o*	*capi-e-ndi*
audire	4. langvokal. i-Konj.	*audi-o*	*audi-e-ndi*

Häufige Formen des Gerunds und Übersetzungsmöglichkeiten

Am besten prägst du dir ein Beispiel (unser Beispiel: *legere* – lesen) ein und merkst dir die verschiedenen Übersetzungsmöglichkeiten:

Genitiv:	*cupiditas legendi*	die Lust des Lesens; die Lust zu lesen; Lesefreude
Genitiv mit *causa*:	*legendi causa*	um des Lesens willen; um zu lesen
Akkusativ nach *ad*:	*ad legendum*	zum Lesen; um zu lesen
bloßer Ablativ:	*legendo*	durch (das) Lesen; indem / dadurch, dass man liest
Ablativ nach ***in***:	*in legendo*	beim Lesen; wenn man liest

Erweiterung des Gerunds

Wenn das Gerund im Genitiv oder bloßen Ablativ steht, kann es manchmal auch durch Adverbialen (Adverb, Präpositionalausdruck) oder / und durch ein Akkusativobjekt erweitert werden. Präge dir auch hier ein Grundschema für die Übersetzung ein:

legendo (bloßer Ablativ) → **durch (das) Lesen** (substantiv. Inf.)

attente (Adverb) *legendo* → **durch aufmerksames Lesen** (Adj. Attribut)

libros (Akk. Obj.) *attente legendo* → **durch aufmerksames Lesen von Büchern** (Präp. Attribut)

33 Das Schicksal des Makedonenkönigs Perseus

Relativer Satzanschluss

Stoff: 3. kurzvokal. i-Konj. (Vertiefung); Relative Satzverbindung / relativer Satzanschluss

Der Makedonenkönig Perseus, Sohn Philipps V., hatte sich gegen den Herrschaftsanspruch der Römer zu wehren versucht. Im Jahr 168 v. Chr. musste auch er das Schicksal anderer Völker und Könige erfahren.

Secundo a. Chr. n. saeculo Romani, ut supra accepimus, multas nationes multosque reges subiecerunt. Qui cum in pugnando fortissime se praestitissent, cladem non effugerunt, velut Perseus, filius Philippi, regis Macedonum. Qui consilium ceperat fratrem iniuste arguendo tollere, ut patre mortuo regnum solus acciperet. Fratre interfecto patri successit et foedera cum magnis gentibus fecit. Quae res senatum Romanum valde concussit. Quare senatus bellum contra Perseum parare coepit.

Sed duces Romani nonnullis incommodis acceptis in bello non profecerunt. Quae cum ita essent, L. Aemilius Paullus, vir bellum gerendi peritissimus, exercitui Romano praefectus est, ut hoc bellum conficeret. Cui profecto contigit, ut aciem celeriter percutiendo victoriam ex Perseo pareret, regem caperet captumque Romam cum multis captivis traheret. Aemilio triumphante Perseus vinctus omnibus, qui aderant, ostentatus et deinde in vincula publica coniectus est. Quo loco insomnio interfectus esse dicitur.

1 ***supra*** – hier als Adverb gebraucht: oben, vorher; 2 ***cum*** – hier: konzessiv „obwohl"; 4 ***arguere*** – beschuldigen, anklagen; 5 ***succedere, -cedo, -cessi, -cessurus*** – nachfolgen; 7 ***concutere, -cutio, -cussi, -cussum*** – erschüttern; 8 ***incommodum, i*** – Niederlage, Schlappe; 9 ***peritus alicuius rei*** – erfahren in einer Sache; 11 ***percutere*** (wie *concutere*) – durchstoßen; ***victoriam parere ex aliquo*** – einen Sieg über jemanden erringen; 13 ***triumphare*** – einen Triumphzug abhalten; 14 ***insomnium, i*** – Schlaflosigkeit, hier: Entzug von Schlaf

accepimus (1), *acciperet* (5), *acceptis* (8):
Das Verbum *accipere* kommt häufig in verschiedenen Bedeutungen vor:

annehmen, aufnehmen, empfangen

(geistig) aufnehmen, begreifen

erleiden, davontragen

vernehmen, erfahren (in dieser Bedeutung mit AcI)

bellum ... parare (7), *bellum conficere* (10):
Das Wortfeld *bellum* wird dir noch oft, v. a. bei der Lektüre, begegnen. Unterscheide daher folgende Wendungen:

bellum gerere = bellare	Krieg führen
bellum parare	zum Krieg rüsten, mobil machen
bellum facere	einen Krieg anstiften
bellum inferre hostibus	die Feinde angreifen
bellum conficere	den Krieg beenden
bellum ducere / trahere	den Krieg in die Länge ziehen

Relativer Satzanschluss

Im Lateinischen steht häufig am Beginn eines Satzes ein Relativpronomen, das diesen Satz mit dem vorausgehenden Satz enger verbindet. Ein solches Relativpronomen bezieht sich entweder auf das **zuletzt genannte Nomen** oder auf den **ganzen Inhalt** des vorausgehenden Satzes. Im Deutschen wird dieses Relativpronomen mit einem Demonstrativpronomen übersetzt.

Beispiele aus dem Text (verkürzt):

Romani multos reges subiecerunt. ***Qui*** *cum ... se praestitissent, ...*
Die Römer unterwarfen viele Könige. Obwohl sich **diese** ... erwiesen hatten, ...
(*Qui* bezieht sich hier auf *reges.*)

Perseus foedera cum magnis gentibus fecit. ***Quae*** *res senatum concussit.*
Perseus schloss mit bedeutenden Stämmen Bündnisse. **Diese** Sache / **Dies** erschütterte den Senat.
(*Quae* bezieht sich auf den Inhalt des ganzen Satzes = Bündnispolitik des Perseus)

Eine gewisse Schwierigkeit ergibt sich bei der Unterscheidung, ob ein „echter" Relativsatz oder ein relativer Satzanschluss vorliegt. Hierzu eine Hilfe:
Ein relativer Satzanschluss liegt dann vor,

a) wenn das Relativpronomen an der Spitze eines Hauptsatzes steht (Beispiel: *qui consilium ceperat ...* [4] muss Hauptsatz sein, da der folgende *ut*-Satz ein Gliedsatz ist.),

b) wenn neben diesem Relativpronomen im selben Satzteil (Komma beachten) eine „echte" Gliedsatzkonjunktion steht (Beispiel: *qui cum in pugnando ...* [2]).

Häufige Wendungen eines relativen Satzanschlusses:

quamobrem / quare / qua de causa / unde	daher, deshalb, darum
quae res	dieser Umstand, dies
quae cum ita sint / essent	da / obwohl dies so ist / war, wegen / trotz dieser Umstände
quo facto / quibus rebus gestis	nachdem dies / diese Dinge geschehen war / waren, hierauf
quae dum geruntur	während dieser Vorgänge
quod ubi cognovit	sobald er davon erfuhr

Weitere Beispiele findest du in deiner Grammatik.

Übung

1. **In unserem Arbeitstext kommen verschiedene grammatikalische Konstruktionen vor, die du in den letzten Kapiteln kennen gelernt hast. Überprüfe deine Kenntnisse und fülle die folgende Tabelle aus (ein Beispiel ist vorgegeben):**

lateinische Wendung	**grammatik. Konstruktion**	**Übersetzung**
in pugnando	Gerund	beim Kämpfen, im Kampf
iniuste arguendo		
patre mortuo		
fratre interfecto		
vir bellum gerendi peritissimus		
aciem celeriter percutiendo		
Aemilio triumphante		
interfectus esse dicitur		

34 Scipio und Hannibal

Konjunktivische Relativsätze

Stoff: *ferre; facere / fieri;* konjunktivische Relativsätze

Das Leben Scipios und Hannibals scheint auf schicksalhafte Weise miteinander verbunden gewesen zu sein. Im 2. Punischen Krieg standen sie sich gegenüber, nach dem Krieg wurden beide von ihren Landsleuten angefeindet, beide fanden wahrscheinlich im selben Jahr ein ihren Verdiensten unangemessenes Ende. Der Historiker Livius beschäftigt sich in seinem Werk ausführlich mit beiden Männern.

Adhuc viri docti inveniuntur, qui dissentiant, utrum Hannibal an Scipio maior fuerit. Sunt enim, qui Hannibalem Scipioni praeferant, quod ille, cum bellum Romanis intulisset, quattuor victorias ex exercitu Romanorum quamvis numero superiore tulit. Sed multos annos in Italia invictus Hannibal, cui a patria auxilium latum non esset, copias in Africam traicere coactus est, ubi apud Zamam cladem perniciosam accepit. Sunt alii quoque, qui Scipionem laudibus efferant, qui patriam, quae multos annos terrores calamitatesque belli pertulerat, a metu Poenorum liberavisset. Itaque Scipio victoria apud Zamam parta summis honoribus affectus est.

Sed bello confecto cives utrumque iniuria affecisse Livius tradit. Hannibal, qui victus esset, exilio affectus est; cuius de vitae exitu infra referemus. Scipio quoque, qui periculum Poenorum sustulisset, invidiam civium non effugisse fertur. Nam Romae non defuerunt, qui gloriam eius minuerent. Ex iis duo tribuni plebis illi diem dixerunt, qua eum suspicionibus magis quam argumentis pecuniae captae reum facerent. Imprimis id graviter tulerunt, quod in dicendo et agendo superbius se gessisset. Ubi ea dies venit, Scipio res a se optime gestas prae se ferens effecit, ut animos civium conciliaret. Tamen ille vir, qui invidiam et certamina cum tribunis prospiceret, rus se recepit causae se erepturus.

Ruri vitam egit sine desiderio urbis. Ferunt eum iussisse se ipso loco, ubi decessisset, sepeliri ibique monumentum aedificari, ne funus Romae fieret.

1 ***adhuc*** – bis heute; ***utrum … an*** – ob … oder; 3 ***exercitus quamvis numero superior*** – ein wenn auch zahlenmäßig überlegenes Heer; 6 ***Zama, ae*** – Zama (Stadt in Numidien / Nordafrika); 11 ***infra*** – unten; 14 ***diem dicere alicui*** – jemanden auf einen bestimmten Tag vor Gericht laden; ***suspicio, onis*** – Verdacht, Verdächtigung; 15 ***argumentum, i*** – Beweis; ***aliquem reum facere*** – jemanden anklagen; 16 ***superbe se gerere*** – sich hochmütig / arrogant aufführen; 17 ***res optime gestae*** – hervorragende Leistungen, große Erfolge; 18 ***rus*** (Akk.) – aufs Land; 19 ***causa, ae*** – hier: Prozess; ***erepturus*** – zur Übersetzung des Part. Fut. Akt. → Kap. 26; 20 ***ruri*** – auf dem Land; ***vitam agere*** – ein Leben führen, das Leben verbringen; 21 ***decedere*** – sterben; ***sepelire*** – bestatten; ***funus, eris*** – Begräbnis

ferre – tragen, bringen

Das „schwierige" Verbum *ferre* mit seinen verschiedenen Komposita wird eigentlich wie die Verben der 3. konsonant. Konj. (z. B. *gerere*) konjugiert; du musst lediglich folgende Besonderheiten beachten:

1. Eine mit *r* / *s* / *t* beginnende Personalendung wird ohne Erweiterungsvokal an den Präsensstamm *fer* angehängt.

2. Die Endung des Inf. Präs. Pass. lautet *-ri*.

3. Der Imp. Präs. 2. P. Sg. hat keine Endung: *fer!* – bring! (wie *duc, dic, fac!*)

Beispiele:

Form	***gerere***	***ferre***
2. P. Sg. Ind. Präs. Akt.	*ger-i-s*	*fer-s*
2. P. Pl. Ind. Präs. Akt.	*ger-i-tis*	*fer-tis*
Kj. Impf. Akt. / Pass.	*ger-e-rem / ger-e-rer usw.*	*fer-rem / fer-rer* usw.
2. / 3. P. Ind. Präs. Pass.	*ger-e-ris / ger-i-tur*	*fer-ris / fer-tur*
Inf. Präs. Pass	*ger-i*	*fer-ri*
2. P. Imp. Präs.	*ger-e!*	*fer!*

4. Wichtig ist vor allem, dass du die Stammformen von *ferre* beherrschst, die auch in allen Komposita auftreten:
ferre – fero – tuli – latum

Die Stammformen von *ferre* und Komposita findest du in jeder Grammatik gesondert aufgelistet.

Häufige Wendungen mit *ferre* + Komposita

auxilium ferre	Hilfe bringen
gloriam / victoriam ferre	den Ruhm / Sieg davontragen
fertur mit NcI *ferunt* mit AcI	man berichtet, dass
nuntium afferre	eine Nachricht übermitteln, mitteilen
laudibus efferre	rühmen
victoria elatus	übermütig aufgrund des Sieges
iniuriam inferre / afferre	Unrecht zufügen
bellum inferre hostibus	die Feinde angreifen
labores perferre	Strapazen aushalten
ad senatum referre	vor dem Senat Bericht erstatten

facere – machen, tun
fieri – werden, geschehen, gemacht werden

„*facere* – machen, tun" ist im Lateinischen wie im Deutschen ein Allerweltswort und kann in beiden Sprachen mit allen möglichen Präfixen (Vorsilben) kombiniert werden (vgl. im Deutschen: aufmachen, zumachen, wegmachen, fertigmachen, zusammentun, hintun usw.); *facere* + Komposita (Grammatik, Wortkunde) sollten daher zu deinem Grundwortschatz gehören.

Bei „*fieri* – werden, geschehen, gemacht werden" musst du zwei Regeln beachten:

1. *fieri, fio* ersetzt die Passivformen von *facere* im Präsensstamm.

2. Mit Ausnahme des Inf. Präs. *(fieri)* und des Kj. Impf. (*fi-e-rem* etc., Erweiterungsvokal *-e-*) werden die Formen des Präsensstamms von *fieri* wie die aktiven Formen des 4. Konj. *(audire)* gebildet, z. B. *fio* – ich werde gemacht, *fiebat* – es geschah; *fiat* – er / sie / es werde, geschehe, möge / soll gemacht werden usw.

Etwas schwieriger wird es bei den Komposita von *facere*, bei denen es ja, wie du weißt, Verben auf *-ficere* und *-facere* gibt. Hier gilt folgende Regel:

1. Komposita mit dem Grundwort *-ficere* werden wie die Verben der 3. kurzvokalischen i-Konj. (*rapere, capere*, ➔ Kap. 32) konjugiert.

2. Komposita mit dem Grundwort *-facere* (*patefacere* – öffnen u. a., kommen sehr selten vor) werden wie *facere* bzw. *fieri* konjugiert.

Auch für *facere / fieri* findest du in der Grammatik eine eigene Tabelle.

Verbindungen mit *afficere*

Mit der Grundbedeutung von „*afficere* = versehen" kannst du dir immer helfen. Merke dir also:

afficere aliquem aliqua re – jemanden mit etwas versehen
affici aliqua re – mit etwas versehen werden

Aktiv:

aliquem poena afficere	jemanden bestrafen
aliquem honore afficere	jemanden ehren
aliquem iniuria afficere	jemandem Unrecht zufügen

Passiv:

poena affici	bestraft werden
iniuria affici	Unrecht erleiden
vulnere affici	verletzt werden
dolore affici	erbittert sein, Schmerz empfinden
laude affici	Lob / Ruhm ernten

Konjunktivische Relativsätze

Relativsätze können alle Satzglieder mit Ausnahme des Prädikats vertreten. Wenn sie ein Subjekt, Objekt oder Attribut ersetzen, stehen sie im Indikativ; wenn sie dagegen einen adverbialen Nebensinn haben (z. B. final, konsekutiv, konzessiv, kausal), erscheinen sie im Konjunktiv.

Textbeispiele (verkürzt):

konsekutiver Sinn:

viri inveniuntur, qui dissentiant (1)	es finden sich Männer, die unterschiedlicher Auffassung sind
sunt, qui praeferant (2)	es gibt Leute, die vorziehen; manche ziehen vor

Hierzu gehören weitere häufige Wendungen:

quis est, qui dicat	wo gibt es einen, der sagt; wer sagt
est, quod taceam	es gibt einen Grund, dass ich schweige
habeo, quod taceam	ich habe Grund zu schweigen

kausaler Sinn:

Hannibal, cui auxilium latum non esset, coactus est (5)	Hannibal, dem keine Hilfe gebracht worden war, sah sich gezwungen = weil Hannibal keine Hilfe gebracht worden war, sah er sich gezwungen
Hannibal, qui victus esset, exilio affectus est. (10)	Hannibal, der besiegt worden war, wurde verbannt = weil H. besiegt worden war, wurde er …

finaler Sinn:

Tribuni illi diem dixerunt, qua eum reum facerent.	Die Tribunen luden ihn auf einen bestimmten Tag vor Gericht, an dem sie ihn anklagen wollten = um ihn … anzuklagen

konzessiver Sinn:

Scipio, qui periculum Poenorum sustulisset, invidiam non effugit.	Scipio, der die Puniergefahr beseitigt hatte, entging nicht der Anfeindung = obwohl Scipio die Puniergefahr beseitigt hatte, entging er …

2. **Ordne die restlichen konjunktivischen Relativsätze des Textes den entsprechenden Gruppen zu:**

Übung

sunt alii, qui … efferant (6)

Scipionem, qui patriam … liberavisset (6)

non defuerunt, qui … minuerent (13)

ille vir, qui invidiam prospiceret, rus se recepit (18)

3. **Hannibals „letzter Triumph"**

Übung

Nach seiner Niederlage gegen Scipio war Hannibal noch einige Jahre oberster Beamter in Karthago, wurde aber dann verbannt und flüchtete zu König Prusias von Bithynien (im Norden der heutigen Türkei), seinem vermeintlichen Freund. Gesandte des Prusias freilich, die zur gleichen Zeit in Rom waren und bei Flamininus speisten, verrieten ihm das Versteck Hannibals. Flamininus berichtete tags darauf sofort dem Senat.

Latebris Hannibalis patefactis senatus legatos ad Prusiam misit, qui deditionem illius poscerent. Et ille, qui iure hospitii teneretur, legatis facultatem Hannibalem comprehendendi patefecit Romanis beneficium oblaturus. Quae dum apud Prusiam geruntur, Hannibal in domo sua cum servo aliquo versabatur. Ille, qui semper talem exitum vitae suae animo prospexisset, septem exitus e domo fecerat, ut omni tempore copia fugiendi sibi patefieret. Tum a servo certior fit domum a multis armatis cinctam esse. Igitur omni spe fugiendi sublata servum mittit, qui venenum iam multo ante praeparatum afferret. Quo facto Hannibal, qui intellexisset se a Prusia deceptum esse, haec dixisse fertur: „Auferamus populo Romano curam diuturnam! Sed magnam victoriam ex inermi proditoque hoste Flamininus non feret." Talibus dictis venenum hausit.

1 ***latebrae, arum*** – Schlupfwinkel, Versteck, Zufluchtsort; ***patefacere*** – ➔ Kap. 34; 2 ***ius hospitii*** – Gastrecht; ***teneri*** – hier: gebunden, verpflichtet sein; 3 ***beneficium, i*** – Gefallen; ***oblaturus*** – zur Übersetzung: ➔ Kap. 26; 4 ***quae dum … geruntur*** – ➔ Kap. 33; 5 ***exitus, us*** – Ausgang, Ende; ***prospicere*** = ***providere*** ➔ Kap. 21; 7 ***certiorem facere aliquem*** – jemanden benachrichtigen; ***certior fieri*** – benachrichtigt werden, besser: die Nachricht erhalten; ***fit*** (auch *mittit* Z. 8) – zum Tempus ➔ Kap. 10; 8 ***omni spe … sublata*** – ➔ Kap. 30; 8 ***venenum, i*** – Gift; 9 ***quo facto*** – ➔ Kap. 33; 11 ***inermis, e*** *(arma)* – waffenlos, wehrlos

35 Jugurtha und Adherbal

Deponentien

Stoff: Deponentien aller Konj.; Semideponentien

Nach dem Tod des Numiderkönigs Micipsa 118 v. Chr. kam es zwischen seinen leiblichen Söhnen Hiempsal und Adherbal und seinem Adoptivsohn Jugurtha zu blutigen Machtkämpfen, denen der römische Senat, von Jugurtha bestochen, jahrelang tatenlos zusah, obwohl sich Adherbal mehrmals an den Senat um Schutz und Hilfe gewandt hatte. Der römische Historiker Sallust prangert in seinem Werk „Bellum Iugurthinum" die Würdelosigkeit des römischen Adels erbittert an.
Jugurtha hatte Hiempsal umbringen lassen; daraufhin gab es in Numidien zwei Gruppen: die Mehrheit war auf Adherbals Seite, die Minderheit, die allerdings kampftüchtiger war, schloss sich Jugurtha an.

Adherbal quidem et omnes, qui eum sequebantur, nihilo minus, quamquam plures erant, veriti sunt, ne tollerentur; nam suspicabantur Iugurtham omnibus modis regno Africae potiturum esse. Igitur consilia et facinora Iugurthae indignatus Adherbal, tametsi legatos Romam miserat, qui apud senatum de factis Iugurthae quererentur, moliebatur ipse cum inimico armis contendere. Nam multitudine militum confisus illum a se vinci posse arbitratus est. Sed res aliter evenit atque ratus erat. Clade accepta Romam se confugit se tutaturus auxiliumque precaturus.
Iugurtha, postquam tota Numidia potitus est, iram populi Romani veritus est et summa ope nitebatur, ut favorem plurimorum Romanorum consequeretur. Qua de causa legati ab eo iussi sunt cum auro et argento Romam proficisci; iis praecepit, ne cunctarentur, quaecumque possent, pollicendo et largiendo parare. Quae spes Iugurtham non fefellit. Nam complures viri magnae auctoritatis munera regis non aspernantes singulos ex senatu aggrediebantur nitebanturque, ne nimis irascerentur. Igitur ubi legati satis confidunt, die constituto senatus utrisque datus est.

1 ***quidem*** – freilich, allerdings, wenigstens, gewiss, zwar (Welche Bedeutung passt hier am besten?); ***sequi aliquem*** – jemandem folgen, sich auf die Seite von jemandem schlagen; ***nihilo minus*** – nichtsdestoweniger; 4 ***tametsi*** – auch wenn; 5 ***moliri*** – hier: unternehmen, planen; 6 ***multitudo*** – hier: größere Zahl, zahlenmäßige Überlegenheit; 7 ***atque*** (nach Ausdrücken der Gleichheit / Ähnlichkeit) – als; 10 ***summa ope*** – mit aller Kraft; ***favor, oris*** – Gunst, Sympathie; 15 ***aggredi*** – angehen, an jemanden herantreten; 16 ***confidere*** – hier: zuversichtlich sein, sich seiner Sache sicher sein; ***senatum dare alicui*** – jemandem Audienz, Anhörung beim Senat gewähren

Deponentien

Bei der Verbgruppe der Deponentien handelt es sich, wie du sicher schon weißt, um Verben, die **passive Endungen**, aber **aktive Bedeutung** haben. Es gibt sie in allen Konjugationen. Zwar sind sie nicht so zahlreich, werden aber häufig gebraucht.

Wichtig: Neben den passiven Formen haben die Deponentien auch folgende aktiven Formen:

Beispiel: *hortari* – mahnen (im Vergleich mit *monere*)

Part. Präs.: *hortans, ntis (= monens)*: mahnend; einer, der mahnt

Part. Fut. Akt.: *hortaturus (= moniturus):* einer der mahnen will, wird

Inf. Fut. Akt.: *hortaturum (= moniturum) esse:* mahnen wollen, werden

Gerundium: *hortandi (= monendi)* etc.: des Mahnens usw.

Eine gewisse Schwierigkeit bereitet manchmal, besonders wenn man nicht daran denkt, der **Imp. Präs.** der Deponentien. Er sieht im Singular wie ein aktiver Infinitiv aus, im Plural ist er mit der 2. P. Pl. Ind. Präs. identisch, also:

hortare! (= mone!) mahne!
hortamini! (= monete!) mahnt!

Semideponentien

Semideponentien („Halbdeponentien") haben **entweder** aktive Formen im Präsensstamm und passive Formen im Perfektstamm mit aktiver Bedeutung **oder** passive Formen im Präsensstamm mit aktiver Bedeutung und aktive Formen im Perfektstamm. In der Praxis werden dir nur folgende fünf Semideponentien begegnen:

audere	wagen	*audeo*	ich wage	*ausus sum*	ich habe gewagt
gaudere	sich freuen	*gaudeo*	ich freue mich	*gavisus sum*	ich habe mich gefreut
solere	gewohnt sein	*soleo*	ich bin gewohnt	*solitus sum*	ich bin gewohnt gewesen
confidere	vertrauen	*confido*	ich vertraue	*confisus sum*	ich habe vertraut
reverti	zurückkehren	*revertor*	ich kehre zurück	*reverti*	ich bin zurückgekehrt

S

Bei den Deponentien begegnet häufig das Part. Perf. mit aktiver Bedeutung als Participium coniunctum. Einige Wendungen solltest du dir zur Erleichterung der Übersetzung merken:

ratus (reri) / arbitratus (arbitrari) = existimans mit AcI: in der Meinung, dass

veritus (vereri) = timens mit *ne* + Kj.: aus Furcht, dass bzw. mit Inf.

confisus (confidere) = fretus mit Abl.: im Vertrauen auf

usus (uti) mit Abl.: unter Anwendung von, mit Hilfe von

indignatus (indignari) mit Akk.: aus Empörung / Entrüstung über

Vergleiche:

hortatus – einer, der ermahnt **hat** ➔ Part. Perf. mit aktiver Bedeutung

monitus – einer, der ermahnt **worden ist** ➔ Part. Perf. **Pass.**

Dementsprechend sind z. B. folgende zwei gleichbedeutende Partizipialkonstruktionen möglich:

***Caesar** milites **hortatus** signum proelii dedit.* **(Pc)**
Nachdem Cäsar die Soldaten ermahnt hatte, gab er das Angriffssignal.

*Caesar **militibus monitis** signum proelii dedit.* **(Abl. abs.)**
Cäsar gab, nachdem die Soldaten ermahnt worden waren, das Angriffssignal.

Übung

4. Identifiziere folgende grammatikalische Erscheinungen, die im Arbeitstext vorkommen:

AcI (2x) ____________________

NcI (1x) ____________________

Pc (5x) ____________________

____

Abl. abs. (2x) ____________________

Gerund (2x) ____________________

Objektsinf. (2x) ____________________

____

36 In Rom ist alles für Geld zu haben

Das Gerundivum

Stoff: Gerundivum

Postquam Adherbal legatique Iugurthae curia egressi sunt, senatores in consilio capiendo in duas partes divisi sunt. Magna enim parte senatus ab Iugurthae legatis corrupta pauci Adherbali subveniendum et mortem fratris eius sibi ulciscendam esse censebat. Vicit in senatu pars illa, quae divitias iustitiae anteponendas esse rebatur et dicta Adherbalis aspernans pro Iugurtha nitebatur.

Itaque senatores legatos in Numidiam miserunt ad regnum inter fratres dividendum. Iugurthae, cum omni occasione legatorum Romanorum corrumpendorum usus esset, melior pars Numidiae concessa est. Sed postquam legati regno diviso Romam reverterunt, Iugurtha ratus Romae semper omnia venalia esse in regnum Adherbalis potiendum animum intendit et illum, qui amicus populi Romani esset, adoriri ausus est. Qui cum intellexisset fieri non posse, quin regnum sibi aut relinquendum aut armis retinendum esset, necessitate coactus arbitratus est Iugurtham sibi adoriendum esse et copias parandas curavit.

Militibus autem suis oppressis et fugatis Adherbal in urbem quandam se contulit auxilii senatus exspectandi causa. Postremo suadentibus urbis incolis Iugurthae se tradidit arbitratus auctoritatem senatus se tutaturam esse. At Iugurtha eum cum cruciatibus necandum curavit. Tum demum bellum sibi gerendum esse Romani arbitrati sunt.

3 ***subvenire alicui*** – einem zu Hilfe kommen; ***fratris*** – gemeint ist Hiempsal (vgl. Kap. 35 Einleitung); 5 ***anteponere aliquid alicui rei*** – etwas einer Sache vorziehen; 6 ***niti pro aliquo*** – sich für jemanden einsetzen, stark machen; 11 ***venalis, e*** – käuflich, zu kaufen; ***animum intendere in aliquid*** – seine Aufmerksamkeit auf etwas richten; 12 ***qui … esset*** – Überlege nach Kap. 34, welche Sinnrichtung der Relativsatz haben muss!; 13 ***fieri non potest, quin*** – „es kann nicht geschehen, dass nicht"; übersetze einfacher: unbedingt, notgedrungen; 19 ***cruciatus, us*** – Folter; ***demum*** – erst, endlich, schließlich

Das Gerundivum

Das Gerundiv ist ein von einem Verb gebildetes **Adjektiv** (im Ggs. zum Gerund = Verbalsubstantiv) mit dem Ausgang *-ndus, a, um*. Es hat stets **passive** Bedeutung und bezeichnet etwas, **was getan werden muss / soll, was zu tun ist**, auch **was getan wird** oder **nicht getan werden darf** usw. Als Adjektiv kann das Gerundiv attributiv oder prädikativ verwendet werden (➜ Kap. 1).

1. Das attributive Gerundiv

Für die Übersetzung des attributiven Gerundivs (immer mit einem Nomen nach KNG-Regel verbunden) gibt es folgende Möglichkeiten:

a) Die Gerundivformen mancher Verben kannst du mit einem deutschen Adjektiv auf -wert, -lich, -würdig u. ä. übersetzen:

domus renovandae	Häuser, die renoviert werden müssen, zu renovieren sind oder einfach: renovierungsbedürftige / -werte Häuser
dolor non ferendus	ein unerträglicher Schmerz
homines amandi	liebenswerte / -würdige Leute
aedificia visenda	sehenswerte Gebäude

b) Meist bezeichnet das attributive Gerundiv einen Vorgang, der sich vollzieht. Für die Übersetzung verwendest du am besten deutsche Vorgangssubstantive, beim Genitiv und Akkusativ mit *ad* geht auch ein Infinitiv mit „(um) zu". Das dazugehörige Nomen wird dann Genitivattribut oder Präpositionalattribut. Das attributive Gerundiv kommt (wie auch das Gerund) besonders häufig in folgenden Kasus vor:

Genitiv

occasio legatorum corrumpendorum	Gelegenheit zur Bestechung der Gesandten, Gelegenheit, die Gesandten zu bestechen

Genitiv mit *causa* (nachgestellt)

auxilii exspectandi causa	um auf Hilfe zu warten

Akkusativ nach *ad*

ad regnum dividendum	zur Aufteilung des Reiches, um das Reich zu teilen

Ablativ nach *in*

in consilio capiendo	beim Fassen eines Beschlusses, bei der Beschlussfassung

2. Das prädikative Gerundiv

- Das prädikative Gerundiv erscheint in den meisten Fällen als **Prädikatsnomen in Verbindung mit *esse*** und bezeichnet **immer** etwas, was getan werden soll / muss, was zu tun ist bzw. das Gegenteil. Hier gibt es zwei Möglichkeiten der Konstruktion:

  a) Beim Gerundiv von **transitiven** Verben (= Verben mit Akkusativobjekt) erfolgt die **persönliche** Konstruktion (KNG-Regel beachten!):

Mors Hiempsalis ulciscenda est.	Der Tod Hiempsals muss gerächt werden.
Facinora Iugurthae ulciscenda sunt.	Die Verbrechen Jugurthas sind zu rächen.

  b) Beim Gerundiv von **intransitiven** Verben (= Verben z. B. mit Genitiv-, Dativ-, Ablativobjekt) erfolgt die **unpersönliche** Konstruktion (3. P. Sg. Neutrum); das jeweilige Objekt bleibt bestehen:

Adherbali subveniendum est. (subvenire alicui)	Man muss Adherbal helfen.
Scelerum Iugurthae obliviscendum non est. (oblivisci alicuius rei)	Man darf die Verbrechen Jugurthas nicht vergessen.

- Die Person, **von der** etwas getan werden muss, wird im Lateinischen durch den **Dativ** (Dativus auctoris) ausgedrückt; würden zwei Dative (Dativobjekt und Dativus auctoris) zusammentreffen, steht statt des Dativus auctoris die Präposition ***a*** mit Abl.:

Mors Hiempsalis Romanis ulciscenda est.	Der Tod Hiempsals muss von den Römern gerächt werden. Besser: Die Römer müssen den Tod Hiempsals rächen.
Adherbali a senatoribus subveniendum est.	Die Senatoren müssen Adherbal helfen.

- Sehr oft erscheint das prädikative Gerundiv + ***esse*** in einer **AcI-Konstruktion**, wie auch im Arbeitstext:

  Vergleiche:

Iugurtha Adherbali adoriendus est.	Jugurtha muss von Adherbal angegriffen werden. Adherbal muss Jugurtha angreifen.
Adherbal arbitratus est Iugurtham sibi adoriendum esse.	Adherbal war der Meinung, er müsse Jugurtha angreifen.

- Seltener kommt das prädikative Gerundiv nach Verben wie *curare* (sorgen für, geschehen lassen), *tradere* (übergeben), *mittere* (schicken) u. ä. zur **Bezeichnung des Zwecks** vor:

Adherbal copias parandas curavit.	Adherbal ließ Truppen aufstellen.
Dux oppidum militibus diripiendum tradidit.	Der Feldherr übergab die Stadt den Soldaten zur Plünderung.

37 Cäsar in Not: Die Truppe meutert

Konjunktiv in Hauptsätzen

Stoff: Modi in Hauptsätzen: Ergänzung und Zusammenfassung

Bereits im ersten Jahr seines Krieges in Gallien (58 v. Chr.) hatte Cäsar Schwierigkeiten mit seinen Soldaten. Während eines Aufenthaltes in Vesontio (heute Besançon) berichteten Kaufleute den römischen Soldaten geradezu Schauermärchen von den germanischen Feinden. Viele gerieten daraufhin in Panik, jammerten, hatten Angst oder wollten nach Hause, d. h. nach Italien, zurückkehren. Nun galt es für Cäsar, seine ganze Überredungskunst anzuwenden.

Caesar convocato consilio centurionibusque omnium ordinum adhibitis vehementer eos vituperavit:

„Nollem hos nuntios mihi modo allatos audivissem! Numquam enim putavi milites Romanos fabulis mercatorum impulsos imperatorem suum deserere. Non multum afuit, quin arbitrarer me exercitui ignavorum et timidorum praeesse.

Pudeat vos de mea virtute diligentiaque desperare! Pugnent sane Germani furore quodam impulsi, iniciant terrorem mercatoribus vel hominibus eius generis, fulgeant oculi eorum, quae causa est, cur milites Romani vereantur? Dicam vobis, quotiens maiores nostri maximas manus Germanorum acerrime aggredientium constantia ac virtute afflixerint, an de victoria novissima admoneam, quam me duce ex Helvetiis peperistis?

Quis dubitet, quin eodem bello Helvetiorum et diligentia et felicitas mea vobis maximo usui fuerit? Ne igitur timueritis! Discedant ignavi et timidi domum aut quo velint: Cum sola decima legione, de qua non dubito, hostes adoriar!"

Hac oratione habita cerneres, quam mirum in modum mentes omnium conversae essent et summa cupiditas belli gerendi orta esset.

1 ***consilium convocare*** – eine Versammlung einberufen, anberaumen; ***ordo, inis*** – hier: Rang; ***adhibere*** – hinzuziehen; 7 ***sane*** – hier: meinetwegen; 9 ***fulgere*** – blitzen, funkeln;
11 ***affligere, -fligo, -flixi, -flictum*** – niederwerfen; 12 ***admonere de aliqua re*** – an etwas erinnern; ***novissimus*** – hier zeitlich: der letzte, jüngste; 18 ***convertere*** – umdrehen, umwenden; ***mentes conversae sunt*** – die Stimmung wurde umgedreht, schlug um

modo (3):
Wenn *modo* allein steht, ist es ein Adverb und bedeutet „nur, eben"; liegt dagegen eine deklinierte Form von *modus* in Verbindung mit einem Pronomen oder Adjektiv vor, bedeutet es „Art und Weise".

Beispiele:

nuntii modo allati	eben überbrachte Nachrichten
hoc modo	auf diese Weise
omnibus modis	mit allen Mitteln
eius modi	derartig

non multum afuit, quin (5); *quis dubitet, quin* (13):
Nach einigen verneinten Ausdrücken, besonders des Zweifelns, wird *quin* mit „dass" übersetzt:

non multum afuit, quin	es fehlte nicht viel / es hätte nicht viel gefehlt, dass
quis dubitet, quin	wer dürfte wohl zweifeln, dass
dubium non est, quin	es besteht kein Zweifel, dass (= zweifellos)

quam … ex Helvetiis peperistis (12):
Das Verbum *parere* (3. kurzvok. i-Konj.) zählt zu den „schwierigen" Verben, die oft verwechselt werden. Halte daher genau auseinander:

parere, pario, peperi, partum	erzeugen, hervorbringen, erwerben, gebären
parare, paro, paravi, paratum	bereiten, sich verschaffen
parere, pareo, parui, pariturus	gehorchen, sich fügen
partiri, partior, partitus sum	teilen
pars, partis	der Teil

Konjunktiv in Hauptsätzen

Bereits in Kap. 18 hast du mehrere Möglichkeiten kennen gelernt, wie der Konjunktiv in lateinischen Hauptsätzen verwendet werden kann (Hortativ, Prohibitiv, Jussiv, Irrealis). In unserem Arbeitstext kommen nun weitere Funktionen des Konjunktivs hinzu.

Wichtig ist dabei vor allem, dass du die konjunktivischen Verbformen identifizieren kannst.
Zur Erinnerung: Den Kj. Impf. erkennst du leicht am Moduszeichen ***-re-*** vor der Endung, den Kj. Plusquamperf. am Moduszeichen ***-isse-***. Etwas schwieriger ist es beim Kj. Präs. und Kj. Perf. Akt. Der Kj. Präs. hat in der a-Konj. das Moduszeichen ***-e-*** , in allen übrigen Konj. das Moduszeichen ***-a-***. Den Kj. Perf. Akt. erkennst du bei allen Konj. am Moduszeichen ***-eri-*** (allerdings verwechselbar mit dem Futur II).

Durch den Potentialis wird eine Behauptung etwas abgeschwächt bzw. als möglich hingestellt:

Potentialis der Gegenwart (Kj. Präs. oder Perf.):

Quis dubitet (= dubitaverit)?	Wer dürfte wohl zweifeln?
dicat (= dixerit) aliquis	jemand könnte behaupten

Potentialis der Vergangenheit (Kj. Impf.):

vix quisquam arbitraretur / putaret	kaum einer hätte geglaubt
tum cerneres / videres	damals hätte man sehen können
Quis umquam dubitaret?	Wer hätte je gezweifelt?

Durch den Optativ werden Wünsche ausgedrückt. Erfüllbare Wünsche werden dabei durch den Kj. Präs. (Einleitung mit *utinam* bzw. *velim*) bzw. Kj. Perf., unerfüllbare Wünsche durch den Kj. Impf. (Einleitung mit *utinam* bzw. *vellem*) bzw. Kj. Plusquamperf. wiedergegeben. Verneint wird der Optativ mit *ne* bzw. mit *nolim / nollem.*

Erfüllbare Wünsche:

Utinam / Velim frater salvus adveniat!	Hoffentlich kommt der Bruder gesund an!
Utinam / Velim frater salvus advenerit!	Hoffentlich ist der Bruder gesund angekommen!

Unerfüllbare Wünsche:

Utinam ne / Nollem hos nuntios audirem!	Wenn ich doch diese Nachrichten nicht hören müsste!
Utinam ne / Nollem hos nuntios audivissem!	Hätte ich doch diese Nachrichten nicht gehört!

Der **Konzessiv** (oft durch *sane* verstärkt) drückt ein Zugeständnis aus (*concedere* – zugestehen), das aber dann wieder eingeschränkt wird:

pugnent sane Germani furore quodam impulsi	mögen meinetwegen die Germanen, von einer Art Wahnsinn getrieben, kämpfen

Der **Deliberativ** bezeichnet eine Entscheidungsfrage (meist an die 1. Person gerichtet, manchmal auch an die 3. Person, wie in unserem Beispiel):

Quid faciam?	Was soll ich tun?
Quid faciat?	Was soll er tun?
Quid faceret?	Was hätte er tun sollen?
Caesarem an Pompeium sequeretur?	Hätte er Cäsar oder Pompejus folgen sollen?

In manchen Fällen benützt man im Deutschen den Konjunktiv, wo der Lateiner den Indikativ setzt **(Realis)**:

numquam putavi	niemals hätte ich geglaubt
non multum afuit	es hätte nicht viel gefehlt
paene dixi	beinahe hätte ich gesagt
longum est	es würde zu weit führen
meum est	es wäre meine Pflicht
meum fuit	es wäre meine Pflicht gewesen

Weitere Beispiele für den Gebrauch des Konjunktivs in Hauptsätzen findest du in deiner Grammatik.

B Vertiefung an Originaltexten

1 Cicero: Griechenlands ruhmvolle Vergangenheit

NcI

L. Valerius Flaccus hatte als Prätor des Jahres 63 v. Chr. Cicero tatkräftig gegen Catilina unterstützt. In einem Repetundenprozess wurde er 59 angeklagt, die Provinz Asia angeblich ausgebeutet zu haben. Cicero übernahm seine Verteidigung, in deren Verlauf er als Zeugen für Flaccus „wirkliche" Griechen vorführt.

Adsunt Athenienses, unde humanitas, doctrina, religio, fruges, iura, leges ortae atque in omnis terras distributae putantur; de quorum urbis possessione propter pulchritudinem etiam inter deos certamen fuisse proditum est; quae vetustate ea est, ut ipsa ex sese suos civis genuisse ducatur et eorum eadem terra parens, altrix, patria dicatur, auctoritate autem tanta est, ut fractum prope ac debilitatum Graeciae nomen huius urbis laude nitatur.
Adsunt Lacedaemonii, cuius civitatis spectata ac nobilitata virtus non solum natura corroborata, verum etiam disciplina putatur; qui soli toto orbe terrarum septingentos iam annos amplius unis moribus et numquam mutatis legibus vivunt.
Adsunt ex Achaia cuncta multi legati, Boeotia, Thessalia, quibus locis nuper legatus Flaccus imperatore Metello praefuit.

1 ***doctrina, ae*** – Wissenschaft; ***fruges, um*** – Feldfrüchte; 2 ***oriri, orior, ortus sum*** – entstehen, sich erheben, aufgehen; ***ortae*** <esse>, ***distributae*** <esse>; 3 ***possessio, onis*** – Substantiv zu *possidere*; 4 ***vetustas, atis*** *(vetus)* – Alter; ***gignere, gigno, genui, genitum*** – erzeugen, hervorbringen, gebären; 5 ***parens*** (vgl. *parentes* – Eltern) m./f. – hier aufgrund des Zusammenhangs: Mutter; ***altrix*** *(alere)* – Ernährerin; 6 ***debilitare*** – schwächen; ***niti aliqua re*** – sich auf etwas stützen; ***laude niti*** – vom Ruhm leben; 7 ***spectatus*** – bewährt; ***nobilitatus*** – berühmt; 8 ***corroborare*** – stärken, kräftigen; ***corroborata*** <esse>; 9 ***septingentos ... amplius*** – mehr als 700 ...; 10 ***vivere aliqua re*** – leben von bzw. nach etwas; 12 ***praeesse alicui rei*** – „einer Sache voranstehen", die Leitung, das Kommando über etwas haben

2 Cäsar: Mangelnde Umsicht rächt sich

AcI

Cäsars Legat Galba hatte in dem gallischen Dorf Octodurus sein Winterquartier bezogen. Einen Teil des Dorfes überließ er den Einheimischen, den anderen, evakuierten Teil wies er den römischen Soldaten zu. Das Dorf lag in einem Talkessel, von hohen Bergen umgeben – eine taktisch äußerst ungünstige Wahl für ein Winterquartier.

Cum dies hibernorum complures transissent frumentumque eo comportari iussisset, subito per exploratores certior factus est ex ea parte vici, quam Gallis concesserat, omnes noctu discessisse montesque, qui impenderent, a maxima multitudine Sedunorum et Veragrorum teneri. Id aliquot de causis acciderat, ut subito Galli belli renovandi legionisque opprimendae consilium caperent:

primum, quod legionem neque eam plenissimam detractis cohortibus duabus et compluribus singillatim, qui commeatus petendi causa missi erant, absentibus propter paucitatem despiciebant;

tum etiam, quod propter iniquitatem loci, cum ipsi ex montibus in vallem decurrerent et tela conicerent, ne primum quidem posse impetum suum sustineri existimabant; accedebat, quod suos ab se liberos abstractos obsidum nomine dolebant et Romanos non solum itinerum causa, sed etiam perpetuae possessionis culmina Alpium occupare conari et ea loca finitimae provinciae adiungere sibi persuasum habebant.

1 ***hiberna, orum*** – Winterlager; ***comportare*** – zusammentragen; 2 ***explorator, oris*** – Kundschafter; 3 ***concedere*** – überlassen; ***impendere, -pendeo*** – hereinhängen, überhängen; 4 ***tenere*** – hier: besetzt halten; 5 ***ut*** – übersetze: nämlich, dass (der *ut*-Satz erklärt das *id*); ***bellum renovare*** – den Krieg wieder aufnehmen; 7 ***legionem ... plenissimam*** – die Legion, die noch dazu unvollständig war (Die Gründe dafür geben die zwei Ablativi absoluti an: *detractis ... duabus, compluribus ... absentibus*); ***detrahere*** – abziehen; 8 ***singillatim*** *(singuli)* – einzeln; ***commeatum petere*** – Proviant suchen, fassen; 9 ***paucitas*** *(pauci)* – geringe Zahl; 10 ***iniquitas loci*** – ungünstiges Gelände; ***vallis, is*** – Tal; 11 ***tela conicere*** *(iacere)* – Geschosse schleudern; 12 ***sustinere*** *(tenere)* – aushalten; ***abstrahere*** – wegschleppen, wegnehmen; 13 ***obsidum nomine*** – als Geiseln; ***itinerum causa*** – um die Wege offen zu halten; 14 ***culmen, minis*** – Gipfel; 15 ***provinciae*** (Dativ) ***adiungere*** – der Provinz angliedern, einverleiben

3 Cäsar: Das römische Heer geht ins Winterlager

Gerundium; Abl. abs.

Ende 57 v. Chr. begibt sich Cäsar von Gallien nach Rom, wo für ihn nach seinen ersten Erfolgen ein 15-tägiges Dankfest beschlossen wurde. Vor der Abreise gibt er seinem Legaten Galba die nötigen Anweisungen.

Cum in Italiam proficisceretur, Caesar Servium Galbam cum legione XII et parte equitatus in Nantuates, Veragros Sedunosque misit, qui a finibus Allobrogum et lacu Lemanno et flumine Rhodano ad summas Alpes pertinent. Causa mittendi fuit, quod iter per Alpes, quo magno cum periculo magnisque cum portoriis mercatores ire consueverant, patefieri volebat. Huic permisit, si opus esse arbitraretur, uti in his locis legionem hiemandi causa collocaret.

Galba secundis aliquot proeliis factis castellisque compluribus eorum expugnatis, missis ad eum legatis obsidibusque datis et pace facta constituit cohortes duas in Nantuatibus collocare et ipse cum reliquis eius legionis cohortibus in vico Veragrorum, qui appellatur Octodurus, hiemare. Cum hic in duas partes flumine divideretur, alteram partem eius vici Gallis ad hiemandum concessit, alteram vacuam ab his relictam cohortibus attribuit. Eum locum vallo fossaque munivit.

2 ***equitatus, us*** *(equus)* – Reiterei; ***Nantuates, Veragri, Seduni, Allobroges*** – Namen gallischer Stämme; 3 ***lacus Lemannus*** – Genfer See; ***flumen Rhodanus*** – die Rhone; ***pertinere ad*** – sich erstrecken bis; 4 ***iter patefacere*** – den Weg „öffnen“, bahnen; ***patefieri*** = Infinitiv Präsens Passiv; ***quo*** – auf *iter* zu beziehen; 5 ***portorium, i*** – Zoll; ***consuevi (consuescere)*** – (eig.: ich habe mich gewöhnt) ich bin gewohnt, ich pflege; 6 ***opus est*** – es ist nötig; 8 ***secundus*** – günstig, siegreich; ***aliquot*** – einige; ***castellum, i (castra)*** – Stellung; 9 ***obses, idis*** – Geisel; 13 ***concedere*** *(cedere)* ***alicui aliquid*** – einem etwas zugestehen; ***vacuus*** – leer

4 Cäsar: Der Kampf beginnt

Gerundium; Gerundivum

Der folgende Text gibt ein eindrucksvolles Beispiel für das psychologische Geschick Cäsars, seine Soldaten vor einer entscheidenden Situation persönlich zu motivieren.

Caesar necessariis rebus imperatis ad cohortandos milites, quam in partem fors obtulit, decucurrit et ad legionem decimam devenit. Milites non longiore oratione cohortatus, quam uti suae pristinae virtutis memoriam retinerent neu perturbarentur animo hostiumque impetum fortiter sustinerent, quod non longius hostes aberant quam quo telum adigi posset, proelii committendi signum dedit. Atque in alteram partem item cohortandi causa profectus pugnantibus occurrit.

Temporis tanta fuit exiguitas hostiumque tam paratus ad dimicandum animus, ut non modo ad insignia accommodanda, sed etiam ad galeas induendas scutisque tegimenta detrahenda tempus defuerit. Quam quisque ab opere in partem casu devenit quaeque prima signa conspexit, ad haec constitit, ne in quaerendis suis pugnandi tempus dimitteret.

1 ***cohortari*** – eindringlich ermahnen; ***quam in partem*** = *in eam partem, quam*; 2 ***fors*** – Zufall; ***offerre, offero, obtuli, oblatum*** – anbieten; ***decurrere*** – hineilen; ***devenire*** – hinkommen, -gelangen; 3 ***uti*** = *ut* (bei Cäsar häufig); ***pristinus*** – einstig, früher; 4 ***neu*** *(= neve)* – und nicht; ***animo perturbari*** – im Geist verwirrt werden, sich (innerlich) verwirren lassen, sich aus der Fassung bringen lassen; 5 ***quo telum adigi posset*** – wohin ein Geschoss geschleudert werden konnte = auf Geschossweite; 6 ***in alteram partem*** – auf den anderen Flügel (des Heeres); 8 ***exiguitas*** *(exiguus)* – Kürze; ***dimicare*** – kämpfen; 9 ***insignia accommodare*** – die Auszeichnungen anlegen; ***galeas induere*** – Helme aufsetzen; 10 ***scutis tegimenta detrahere*** – von den Schilden die Überzüge abziehen; ***deesse, desum, defui*** – fehlen; ***quam quisque ab opere in partem*** – stelle um: *in quam partem quisque ab opere*; 11 ***opus, eris*** – Schanzarbeit; ***casu*** – durch Zufall; ***quaeque = et quae***; ***signum, i*** – Feldzeichen; 12 ***tempus dimittere*** – Zeit verlieren

5 Cäsar: Cäsar und Ariovist

Oratio obliqua

Während Cäsar mit dem Suebenfürsten Ariovist verhandelte, wurden die Römer von suebischen Reitern angegriffen. Daraufhin brach Cäsar die Verhandlungen ab. Die folgende Stelle ist gegenüber dem Original gekürzt.

Biduo post Ariovistus ad Caesarem legatos misit:
Velle se de iis rebus, quae inter eos agi coeptae neque perfectae essent, agere cum eo; uti aut iterum colloquio diem constitueret aut, si id minus vellet, ex suis legatis aliquem ad se mitteret.
Commodissimum visum est C. Valerium Procillum, C. Valerii Caburi filium, summa virtute et humanitate adulescentem, cuius pater a C. Valerio Flacco civitate donatus erat, et propter fidem et propter linguae Gallicae scientiam et quod in eo peccandi Germanis causa non esset, ad eum mittere et una M. Mettium, qui hospitio Ariovisti utebatur. His mandavit, ut, quae diceret Ariovistus, cognoscerent et ad se referrent.
Quos cum apud se in castris Ariovistus conspexisset, exercitu suo praesente conclamavit:
Quid ad se venirent? An speculandi causa? Conantes dicere prohibuit et in catenas coniecit.

1 ***biduo*** (*biduum* – Zeitraum von zwei Tagen) ***post*** – zwei Tage später; 2 ***agere*** – verhandeln; ***incipere, incipio, coepi, coeptum*** – anfangen, beginnen; 3 ***diem constituere alicui rei*** – einen Termin für etwas festsetzen; 5 ***commodus*** – passend, zweckmäßig; ***visum est*** – ergänze: *Caesari*; 7 ***civitas, atis*** – hier: Bürgerrecht; 8 ***peccare in aliquo*** – sich an jemand vergreifen; ***una*** (auch *una cum*) mit Ablativ – zusammen mit; ***hospitio uti*** – Gastrecht genießen; 9 ***referre ad aliquem*** – jemandem berichten; 12 ***conclamare*** – laut schreien; 13 ***speculari*** – spionieren; 14 ***in catenas conicere*** – in Ketten legen lassen

6 Cicero: Die Tüchtigkeit des Pompejus

Relativsätze

Cicero setzt sich im Jahr 66 v. Chr. dafür ein, dass dem erfahrenen Feldherrn Pompejus das Oberkommando im Krieg gegen den König Mithridates von Pontus übertragen wird.

Iam vero virtuti Cn. Pompei quae potest oratio par inveniri? Quid est, quod quisquam aut illo dignum aut vobis novum aut cuiquam inauditum possit afferre? Neque enim illae sunt solae virtutes imperatoriae, quae vulgo existimantur: labor in negotiis, fortitudo in periculis, industria in agendo, celeritas in conficiendo, consilium in providendo; quae tanta sunt in hoc uno, quanta in omnibus reliquis imperatoribus, quos aut vidimus aut audivimus, non fuerunt.

Testis est Italia, quam ille ipse victor L. Sulla huius virtute et subsidio confessus est liberatam;

testis est Sicilia, quam multis undique cinctam periculis non terrore belli, sed consilii celeritate explicavit;

testis est Africa, quae magnis oppressa hostium copiis eorum ipsorum sanguine redundavit;

testis est Gallia, per quam legionibus nostris iter in Hispaniam Gallorum internecione patefactum est;

testis est Hispania, quae saepissime plurimos hostes ab hoc superatos prostratosque conspexit;

testis est iterum et saepius Italia, quae, cum servili bello taetro periculosoque premeretur, ab hoc auxilium absente expetivit, – quod bellum exspectatione eius attenuatum atque imminutum est, adventu sublatum ac sepultum.

1 ***iam vero*** – nun vollends; ***oratio, onis*** – Rede, Worte; ***par, paris alicui rei*** – gleich, gewachsen, angemessen einer Sache; 2 ***quisquam / cuiquam*** (2) ➔ A Kap. 29; ***inauditum*** *(audire)* – ungehört, unbekannt; 3 ***solus, a, um*** – allein, einzig; ***imperatorius*** – Adjektiv zu *imperator*; ***vulgo*** – gemeinhin; 4 ***industria*** – Fleiß, Betriebsamkeit, Einsatzbereitschaft; 6 ***videre*** – hier (wie auch häufig): erleben; 7 ***testis, is*** – Zeuge; ***subsidium*** – Hilfe; 8 ***confiteri, -fiteor, -fessus sum*** – bekennen, zugeben; 10 ***undique*** – von allen Seiten; ***cingere, cingo, cinxi, cinctum*** – umgeben, einschließen, bedrohen; 11 ***explicare*** – entwickeln, befreien; Sj. zu *explicavit* = Pompejus; 13 ***sanguine redundare*** – überfließen, triefen von Blut; 14 ***legionibus nostris*** = Dativ; 15 ***internecio, onis*** *(necare)* – Niedermetzelung; 17 ***prosternere, -sterno, -stravi, -stratum*** – niederwerfen; 18 ***servile bellum taetrum*** – abscheulicher Sklavenkrieg; 19 ***expetere*** = *petere*; ***quod bellum*** – stelle um: *bellum, quod* – ein Krieg, der; ***exspectatio, onis*** – Subst. zu *exspectare*; 20 ***attenuare*** *(tenuis)* – verkleinern, abschwächen; ***imminuere*** = *minuere*; 21 ***sepelire, sepelio, sepelivi, sepultum*** – begraben

7 Cäsar: Germanisches Selbstverständnis

Indefinitpronomina

Selbst nach sechs Kriegsjahren hatte Cäsar immer noch Schwierigkeiten mit den Stämmen vor allem im Osten Galliens, die in engem Kontakt zu den angrenzenden Germanen standen. Von dieser Seite her wurden offenbar Widerstandsbewegungen gegen die Römer gefördert, zum Teil mit militärischer Hilfe. Daher sah sich Cäsar veranlasst, in einem Exkurs die besonderen Wesensmerkmale der Germanen im Vergleich zu den Galliern darzustellen. Der folgende Text stammt aus diesem Exkurs.

Civitatibus maxima laus est quam latissime circum se vastatis finibus solitudines habere. Hoc proprium virtutis existimant, expulsos agris finitimos cedere neque quemquam prope se audere consistere. Simul hoc se fore tutiores arbitrantur repentinae incursionis timore sublato.
Cum bellum civitas aut illatum defendit aut infert, magistratus, qui ei bello praesint et vitae necisque habeant potestatem, deliguntur. In pace nullus est communis magistratus, sed principes regionum atque pagorum inter suos ius dicunt controversiasque minuunt. Latrocinia nullam habent infamiam, quae extra fines cuiusque civitatis fiunt, atque ea iuventutis exercendae ac desidiae minuendae causa fieri praedicant.
Atque ubi quis ex principibus in concilio dixit se ducem fore, qui sequi velint, profiteantur, consurgunt ii, qui et causam et hominem probant, suumque auxilium pollicentur atque a multitudine collaudantur; qui ex his secuti non sunt, in desertorum ac proditorum numero ducuntur omniumque his rerum postea fides derogatur.
Hospitem violare fas non putant; qui quacumque de causa ad eos venerunt, ab iniuria prohibent sanctosque habent hisque omnium domus patent victusque communicatur.

1 ***latus, a, um*** – weit, breit; 2 ***solitudo, inis*** *(solus)* – Ödland; ***proprius alicuius rei*** – charakteristisch für etwas; ***agris expellere aliquem*** – jemanden aus seinem Gebiet / Land vertreiben; 3 ***cedere*** – Grundbedeutung: gehen weichen; hier: zurückweichen; ***consistere*** – hier: sich ansiedeln; 4 ***repentina incursio*** – plötzlicher Einfall, Angriff; 5 ***bellum illatum defendere*** – einen Verteidigungskrieg führen; ***bello praeesse*** – „dem Krieg / der Kriegsführung voranstehen" = die Führung im Krieg haben; 6 ***nex, necis*** – Tod, Mord; 7 ***communis, e*** – gemeinsam; ***pagus, i*** – Gau; 8 ***controversias minuere*** – Streitigkeiten schlichten, beilegen; ***latrocinium, i*** – Raubzug; ***infamia, ae*** – Schande; 9 ***ea*** – ergänze: *latrocinia*; 10 ***desidia, ae*** – Müßiggang, Trägheit; ***praedicare*** – (rühmend) hervorheben; 11 ***qui sequi velint*** – ergänze: *et ii, qui ...*; von *dixit* hängt a) ein Aussagesatz im AcI *(se ducem fore)* und b) ein Begehrsatz *(et <ut> ii ... profiteantur)* ab; 12 ***profiteri*** – hier: sich melden; ***consurgere*** = *surgere* – sich erheben; ***causam probare*** – die Sache, das Unternehmen billigen; 13 ***collaudare*** – loben, rühmen; ***qui ex*** – ergänze: *eos, qui*; 14 ***desertor, oris*** – Deserteur; ***in numero desertorum ducere*** – unter die Zahl der Deserteure rechnen, zu den Deserteuren zählen; 15 ***fidem derogare alicui*** – einem das Vertrauen absprechen; 16 ***fas*** – (göttliches) Recht; ***qui*** – ergänze: *eos, qui*; ***quacumque de causa*** – aus welchem Grund auch immer; 17 ***sanctus*** – unverletzlich; 18 ***victum communicare alicui*** – mit jemandem sein Brot teilen

8 Cicero: Über das Briefschreiben

Demonstrativpronomina

Curio, der Adressat dieses Briefes, war mit Cicero eng befreundet. Dieser versuchte, ihn für seine politische Haltung zu gewinnen, doch schlug sich Curio später im Bürgerkrieg gegen Pompejus auf die Seite Cäsars.

Epistularum genera multa esse non ignoras, sed unum illud certissimum, cuius causa inventa res ipsa est, ut certiores faceremus absentes, si quid esset, quod eos scire aut nostra aut ipsorum interesset. Huius generis litteras a me profecto non exspectas. Tuarum enim rerum domesticarum habes et scriptores et nuntios, in meis autem rebus nihil est sane novi.
Reliqua sunt epistularum genera duo, quae me magno opere delectant, unum familiare et iocosum, alterum severum et grave. Utro me minus deceat uti, non intellego. Iocerne tecum per litteras? Civem mehercule non puto esse, qui temporibus his ridere possit. An gravius aliquid scribam? Quid est, quod possit graviter a Cicerone scribi ad Curionem nisi de re publica? Atqui in hoc genere haec mea causa est, ut neque ea, quae sentio, audeam neque ea, quae non sentio, velim scribere.

1 ***unum*** – erg. *genus*; ***certissimum*** (Adv.) – ganz gewiss, auf alle Fälle; 2 ***causa*** (nachgestellt) mit Gen. – um ... willen; ***invenire, invenio, inveni, inventum*** – erfinden; ***aliquem certiorem facere*** – jemanden benachrichtigen; 3 ***interest*** – es ist wichtig; 4 ***profecto*** – tatsächlich, wirklich, sicherlich; 4 ***domesticus*** *(domus)* – häuslich, privat, persönlich; 5 ***sane*** – gewiss, immerhin, allerdings, sonderlich; 6 ***magno opere*** = *magnopere* – sehr; 7 ***unum*** – gemeint ist *genus*; ***familiaris, e*** – vertraut, vertraulich, freundschaftlich; ***iocosus*** *(iocus)* – scherzhaft; ***severus*** – streng, ernst; ***uter, utra, utrum*** – welcher (von beiden); ***utro*** (= Ablativ) – Objekt zu *uti*; 8 ***decet*** – es ziemt, gehört sich, man soll; ***iocari*** *(iocus)* – scherzen; ***iocerne:*** identifiziere die Form *iocer* in der Grammatik (Formentabelle); ***mehercule*** – beim Herkules, wahrhaftig; ***civem*** – hier: Prädikatsnomen; ergänze den AcI: *civem ... non puto esse <eum>, qui ...*; 11 ***atqui*** – aber doch, im Gegenteil, allerdings

9 Cicero: Auf dem Weg ins Exil

Gebrauch des Konjunktivs

Auf Betreiben des Volkstribunen P. Clodius, seines erbitterten Feindes, ging Cicero 58 v. Chr. freiwillig ins Exil nach Griechenland. Denn innerhalb Italiens und im Umkreis von 500 Meilen war er für „vogelfrei" erklärt worden. Vor seiner Überfahrt schrieb er aus Brundisium (heute: Brindisi) an Atticus einen Abschiedsbrief.

Brundisium veni a. d. XIV Kal. Mai. Eo die pueri tui mihi a te litteras reddiderunt, et alii pueri post diem tertium eius diei alias litteras attulerunt. Quod me rogas et hortaris, ut apud te in Epiro sim, voluntas tua mihi valde grata est et minime nova. Esset consilium mihi quidem optatum, si liceret ibi omne tempus consumere; odi enim celebritatem, fugio homines, lucem aspicere vix possum; esset mihi ista solitudo, praesertim tam familiari in loco, non amara. Sed itineris causa ut deverterer, primum est devium, deinde ab Autronio et ceteris quadridui, deinde sine te. Nam castellum munitum habitanti mihi prodesset, transeunti non est necessarium. Quod si auderem, Athenas peterem. Sane ita cadebat, ut vellem. Nunc et nostri hostes ibi sunt et te non habemus et veremur, ne interpretentur illud quoque oppidum ab Italia non satis abesse, nec scribis, quam ad diem te exspectemus.

1 ***Brundisium*** (= Akk.) ➔ A Kap. 21; ***puer, i*** – hier: Diener, Bote; ***litteras reddere / afferre*** – einen Brief überbringen; 4 ***consilium*** – Vorschlag; ***optatus*** – erwünscht, nach Wunsch; 5 ***celebritas*** *(celeber)* – Belebtheit, Betrieb; ***lux, lucis*** – Licht, Tageslicht; 6 ***solitudo, inis*** *(solus)* – Einsamkeit, Abgeschiedenheit; ***praesertim*** – in erster Linie, besonders, zumal; ***tam familiari in loco*** = *in tam familiari loco*; 7 ***amarus*** – bitter, unangenehm; ***itineris causa*** – um der Durchreise willen, nur zur Durchreise; ***deverti, devertor, deverti*** (Semideponens; vgl. *reverti*) – einkehren; ***devius*** – abgelegen; 8 ***Autronius*** – ein Anhänger Catilinas, der sich mit anderen *(ceteris)* in Athen aufhielt; ***quadriduum, i*** – Zeitraum von vier Tagen, vier Tagesreisen; 10 ***Athenas petere*** – Athen aufsuchen; ***cadere*** – hier: eintreten, zutreffen; 11 ***interpretari*** – auslegen, erklären; **12 quam ad diem** = *ad quam diem*

C Lateinlabor

1 Satzanalyse

Text: Das Ende des Epaminondas

Mit dem Sieg bei Leuktra 371 v. Chr. über die Spartaner verschaffte Epaminondas den Böotern für kurze Zeit die Hegemonie (Vorherrschaft) in Griechenland. Sein Tod in der Schlacht bei Mantinea 362 v. Chr. bedeutete zugleich das Ende der böotischen (thebanischen) Hegemonie.

Epaminondas extremo tempore imperator apud Mantineam cum acie instructa audacius instaret hostes, cognitus est a Lacedaemoniis; quod in unius pernicie eius patriae sitam putabant salutem, universi in unum impetum fecerunt neque prius abscesserunt, quam magna caede multisque occisis fortissime ipsum Epaminondam pugnantem, sparo eminus percussum, concidere viderunt. Huius casu aliquantum retardati sunt Boeotii, neque tamen prius pugna excesserunt, quam repugnantis profligarunt.
At Epaminondas, cum animadverteret mortiferum se vulnus accepisse simulque, si ferrum, quod ex hastili in corpore remanserat, extraxisset, animam statim emissurum, usque eo retinuit, quoad renuntiatum est vicisse Boeotios. Id postquam audivit: „Satis", inquit, „vixi: invictus enim morior." Tum ferro extracto confestim exanimatus est.

1 ***extremo tempore*** – am Ende seines Lebens; ***aciem instruere*** – das Heer in Kampfordnung aufstellen; 2 ***instare*** – zusetzen, bedrängen; 3 ***pernicies, iei*** – Verderben, Vernichtung; ***aliquid situm est in aliqua re*** – etwas beruht auf etwas, hängt ab von etwas; ***eius*** – gehört zu *unius;* 4 ***abscedere*** – abziehen; ***caedes, is*** *(caedere)* – Mord, Gemetzel; ergänze hier: *magna caede <facta>*; 5 ***sparus, i*** – Speer; ***eminus*** (Adverb) – von ferne; ***percutere, -cutio, -cussi, -cussum*** – durchstoßen, treffen; 6 ***retardare*** *(tardus)* – aufhalten; 7 ***pugna*** *(Abl.)* ***excedere*** – aus dem Kampf weggehen, den Kampf aufgeben; ***repugnare*** – Widerstand leisten; ***profligare*** – niederwerfen, überwältigen; 8 ***mortifer, era, erum*** *(mortem ferre)* – todbringend, tödlich; 9 ***hastile, is*** – Lanzenschaft, Speer; ***animam emittere*** – sterben; 10 ***usque eo ..., quoad*** – so lange, bis; 12 ***confestim*** – sofort; ***exanimare*** – töten; Passiv: sterben

Übersetzung

Als Epaminondas am Ende seines Lebens als Feldherr bei Mantinea nach Aufstellung der Kampfordnung die Feinde ziemlich mutig bedrängte, wurde er von den Spartanern erkannt; weil sie glaubten, dass von der Vernichtung dieses einen Mannes die Rettung der Heimat abhing, richteten sie alle zusammen den Angriff auf ihn allein und zogen nicht früher ab, als sie nach einem gewaltigen Gemetzel und nach vielen Verlusten sahen, dass Epaminondas selbst in heldenhaftem Kampf, nachdem er von einem Speer aus der Ferne getroffen war, zusammenbrach. Durch dessen Unglück wurden die Böoter eine Zeitlang aufgehalten, gaben aber trotzdem den Kampf nicht eher auf, als sie die, die noch Widerstand leisteten, überwältigt hatten.
Doch als Epaminondas bemerkte, dass er eine tödliche Wunde erhalten hatte und im selben Augenblick sofort sterben werde, wenn er das Eisen, das vom Speer in seinem Körper zurückgeblieben war, herausziehe, hielt er es so lange zurück, bis ihm gemeldet wurde, dass die Böoter gesiegt hätten. Nachdem er dies vernommen hatte, sagte er: „Ich habe genug gelebt; denn ich sterbe unbesiegt." Dann zog er das Eisen heraus und verstarb sofort.

Arten der Satzanalyse

At Epaminondas ... Boeotios (7–9):
Wenn man mit der Übersetzung dieses etwas komplizierteren Satzes nicht zurechtkommt, empfiehlt sich eine Satzanalyse. Von den verschiedenen Analysemethoden werden im Folgenden zwei bewährte Methoden vorgestellt.

Grundsätzliche Hinweise:

1. **Interpunktionen** (Satzzeichen) müssen genau beachtet werden.
2. Man muss **Haupt- und Gliedsatzkonjunktionen** genau unterscheiden.
3. Zu jedem Haupt- bzw. Gliedsatz gehört ein **Prädikat (= finite Verbform)**.
4. Man geht schrittweise **von Komma zu Komma** unter Berücksichtigung der Hinweise 1–3.

Anwendung dieser Hinweise auf unser Beispiel:

Text	**Überlegung**	**Erkenntnis**
At Epaminondas,	*at* ist HS-Konjunktion, kein Prädikat vorhanden	HS unterbrochen
cum animadverteret mortiferum se vulnus accepisse simulque,	*cum* ist GS-Konjunktion Prädikat vorhanden, von dem ein AcI abhängt *-que* bedeutet: Ein gleichwertiges Satzglied muss folgen (Prädikat oder AcI).	GS 1 unvollständig neues Prädikat oder AcI muss folgen
si ferrum,	neue GS-Konjunktion kein Prädikat	GS 2 unvollständig
quod … remanserat,	neue GS-Konjunktion Prädikat vorhanden	GS 3 vollständig
extraxisset,	Prädikat zum unmittelbar übergeordneten Satz	GS 2 vollständig
animam … emissurum,	2. AcI durch *-que* an *accepisse* angeschlossen	GS 1 vollständig HS muss nun weitergehen
usque eo retinuit,	keine Konjunktion Prädikat im Indikativ	HS ist fortgeführt und damit vollständig
quoad … Boeotios.	neuer GS mit Prädikat und AcI	GS 1 vollständig

Diese Überlegungen und Erkenntnisse lassen sich nun grafisch darstellen:

Grafische Satzanalysen

a) Einrückmethode

Bei dieser Methode werden Hauptsatz und Gliedsätze untereinander geschrieben, wobei man die Satzarten jeweils, von links beginnend, nach rechts einrückt. Wird der Hauptsatz (HS) bzw. ein Gliedsatz (GS) durch einen weiteren Gliedsatz unterbrochen (Signal: neue Konjunktion!), muss er natürlich an der gleichen Stelle nach unten fortgeführt werden. Nach richtiger Analyse können von oben nach unten der Hauptsatz und alle gleichrangigen Gliedsätze überblickt werden.

HS	GS 1	GS 2	GS 3
At Epaminondas,			
	cum animadverteret mortiferum … accepisse		
	simulque,		
		si ferrum,	
			quod … remanserat,
		extraxisset,	
	animam … emissurum,		
usque eo retinuit,			
	quoad renuntiatum est vicisse Boeotios.		

b) Kästchenmethode

Im Unterschied zur Einrückmethode können hier Hauptsatz und gleichrangige Gliedsätze von links nach rechts überblickt werden. Satz bzw. Satzteile werden hierbei in Kästchen gesetzt. Der jeweilige Rang eines Satzgliedes (HS, GS 1, GS 2, GS 3 usw.) wird durch Höher- bzw. Tiefersetzen der Kästchen gekennzeichnet (Bei der Einrückmethode erfolgt diese Kennzeichnung durch Einrücken von links nach rechts.). Aus Platzgründen kann man hier verkürzende Symbole verwenden:
V = Verbum finitum, 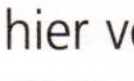 = AcI.

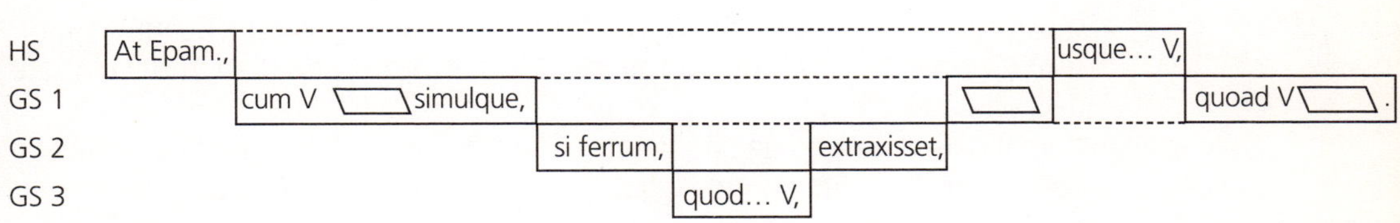

2 Cäsar

Differenzierte Textanalyse

Für die differenzierte Textanalyse in den Labortexten wird vorausgesetzt, dass eine Grammatik (G), eine Formenübersicht der Deklinationen (FD) und Konjugationen (FK) – hier vor allem für den Präsensstamm Aktiv und Passiv – und ein Wörterbuch (L) wie Wortkunde oder Lexikon stets griffbereit sind.

Wichtige Hinweise vor der Analyse (vgl. auch Satzanalyse):

- Sätze ganz durchlesen
- Satzzeichen, besonders Kommasetzung, beachten
- Gliedsätze (GS) abtrennen, Hauptsätze (HS) ermitteln
- Automatisierung der ersten Schritte: Signal – Prädikat – Subjekt
- Erscheint der erste Übersetzungsversuch noch wenig sinnvoll, liegt es meistens am Wortschatz sowie an der falschen Identifizierung der Endungen. Daher unbedingt:
  a) Wortbedeutung nachprüfen (L,G)! Beachte dabei, dass in der Wortkunde und besonders im Lexikon nicht nur die jeweiligen Wörter erklärt sind, sondern auch häufige Verbindungen und Konstruktionshinweise gegeben werden. Vergleiche daher immer diese Angaben mit dem zu übersetzenden Text.
  b) Endungen mit der Formentabelle abklären!

Text: Aufregung für Cäsar

Nach einem heimtückischen Überfall durch den Eburonenfürsten Ambiorix war die Legion des Q. Cicero in Bedrängnis geraten. Cäsar gelang es, ihn zu entsetzen und die Gegner zu besiegen. Die Nachricht von diesem Sieg drang schnell zu den Treverern, deren Fürst Indutiomarus gerade das Lager des Legaten Labienus angreifen wollte.

Hac fama ad Treveros perlata Indutiomarus, qui postero die castra Labieni oppugnare decreverat, noctu profugit copiasque omnes in Treveros reducit. Caesar Fabium cum sua legione remittit in hiberna, ipse cum tribus legionibus circum Samarobrivam trinis hibernis hiemare constituit et, quod tanti motus Galliae exstiterant, totam hiemem ipse ad exercitum manere decrevit.

Nam illo incommodo de Sabini morte perlato omnes fere Galliae civitates de bello consultabant, nuntios legationesque in omnes partes dimittebant et, quid reliqui consilii caperent atque unde initium belli fieret, explorabant nocturnaque in locis desertis concilia habebant.

1 ***fama, ae*** – Kunde, Nachricht; 2 ***oppugnare*** – belagern, bestürmen; ***noctu*** – nachts; ***profugere*** – sich flüchten, sich davonmachen; 3 ***hiberna, orum*** *(hiems, hiemare)* – Winterlager; 7 ***incommodum, i*** – Unglück (Bei dem Überfall durch Ambiorix war der Legat Sabinus gefallen.); ***fere*** (nachgestellt) – ungefähr, fast, beinahe; 8 ***consultare*** – beratschlagen; 9 ***explorare*** – erkunden, zu erfahren suchen; 10 ***desertus*** *(deserere)* – verlassen

Text	**Überlegungen (Signale, Alternativen)**	**Hilfsmittel (Vorschlag)**	**Erkenntnis, Folgerungen**
Hac fama ad Treveros perlata Indutiomarus,	*hac:* Welche Form von *hic?*	FD unter *hic*	Abl. Sg. Fem.; mit Nomen im gleichen KNG verbunden
	fama: Nom. / Abl. Sg. Fem.?		wegen *hac* Abl. Sg. Fem.
	perlata: per + lata	L: *latus*	P. P. P. von *ferre*, also: *perlata* von *perferre*.
	hac fama ... perlata: Nomen und Partizip im Abl.		Ablativus absolutus
	hac ... Indutiomarus: HS oder GS? keine Konjunktion, kein Prädikat		HS ohne Prädikat, unterbrochen, Prädikat muss noch folgen
qui postero die castra Labieni oppugnare decreverat,	*qui* (= Rel. Pron.): Nom. Sg. / Pl. Mask.? Prädikat *decreverat* = 3. P. Sg.; daher muss Sj. im Nom. Sg. stehen	FD unter *qui*	nur *qui* = Nom. Sg. als Sj. möglich; GS vollständig; *qui* bezieht sich auf das zuletzt genannte Nomen, also auf *Indutiomarus*;
	oppugnare decreverat: Funktion des Infinitivs?	L / G unter *decernere*	*oppugnare* ist Objektsinfinitiv zu *decernere*
	postero die: Zeitangabe	G	Zeitangabe im Abl.: wann?

Text	Überlegungen (Signale, Alternativen)	Hilfsmittel (Vorschlag)	Erkenntnis, Folgerungen
noctu profugit copiasque omnes in Treveros reducit.	keine Konjunktion: HS *profugit*: Präs. / Perfekt?	FK	1. HS vollständig Tempus nicht eindeutig
	copiasque: -que verbindet gleichrangige Satzglieder bzw. Sätze, hier: reducit = welche Form?	FK	2. HS durch *-que* angeschlossen; *reducit* ist eindeutig Präsensform, daher auch *profugit* (historisches Präsens)
Caesar Fabium cum sua legione remittit in hiberna,	HS / GS? keine Konjunktion vorhanden		HS vollständig *(Caesar … remittit)* weitere Fragen: wen? wohin?
	cum ohne Konjunktiv, aber mit Ablativ verbunden		*cum* = mit
ipse cum tribus legionibus circum Samarobrivam trinis hibernis hiemare constituit et,	HS / GS? keine Konjunktion *cum* ohne Konjunktiv, aber mit Ablativ		2. HS vollständig *(ipse … constituit)* wegen *et* muss er weitergehen, wird aber unterbrochen
	tribus / trinis: Zahlenangaben	L / G	*tribus* von *tres* = drei *trinis* von *trini* = je drei
	hiemare constituit: Funktion des Infinitivs?	L / G	*hiemare* ist Objektsinfinitiv zu *constituere*
	et führt den Satz weiter		nächstes Prädikat?
quod tanti motus Galliae exstiterant,	*quod:* Rel. Pron. oder kausale Konjunktion (weil)?		kein Rel. Pron., da Bezugswort fehlt; also: *quod* = weil Da der *quod*-Satz nach dem *et* steht, gehört er als Begründung zur nächsten HS-Aussage.

Text	Überlegungen (Signale, Alternativen)	Hilfsmittel (Vorschlag)	Erkenntnis, Folgerungen
	exstiterant = 3. P. Pl.; daher muss das Sj.	FK	GS vollständig
	Nom. Pl. sein	FD	
	Galliae geht nicht		
	tanti (Nom. Pl. Mask.) geht		*tanti motus* = Sj.
	motus (u-Dekl.) möglich	FD / L	
totam hiemem ipse ad exercitum manere decrevit.	HS / GS? keine Konjunktion, also *et* wird fortgeführt Prädikat *decrevit*		3. HS vollständig *(ipse … decrevit)*
	manere decrevit	G/L	*manere* = Objektsinfinitiv zu *decernere*
	totam hiemem: Akkusativ	G	Zeitangabe: wie lange?
Nam illo incommodo de Sabini morte perlato omnes fere Galliae civitates de bello consultabant,	HS / GS? *nam* ist keine GS-Konjunktion *consultabant* = 3. P. Pl., daher muss Sj. im Nom. Pl. stehen; einzige Möglichkeit ist *omnes … civitates*		HS vollständig *(omnes civitates … consultabant)*
	illo incommodo … perlato: Nomen + Partizip im Abl., *wie hac fama … perlata*	A Kap. 30	Ablativus absolutus
nuntios legationesque in omnes partes dimittebant et,	keine Konjunktion *dimittebant* = 3. P. Pl.; kein Nom. Pl. vorhanden;		HS vollständig, Sj. ist aus dem vorhergehenden Satz zu ergänzen
	et fügt einen weiteren gleichwertigen Satz an		HS durch *et* fortgeführt

Text	Überlegungen (Signale, Alternativen)	Hilfsmittel (Vorschlag)	Erkenntnis, Folgerungen
quid reliqui consilii caperent atque unde initium belli fieret,	die Konjunktive deuten auf einen GS hin; einzig mögliche Einleitungen: *quid* (= **w**as) und *unde* (= **w**oher), durch *atque* verbunden	FK / G / L	zwei indirekte (= abhängige) Fragesätze
	1. Prädik. *caperent* = 3. P. Pl., also muss Sj. Nom. Pl. sein.	L	nur möglich: *reliqui* – die Übrigen (substantiviertes Adjektiv)
	consilii: Genitiv; wovon hängt er ab?		*consilii* kann nur von quid abhängen: Genitivus partitivus
	2. Prädik. *fieret* = 3. P. Sg.; das bedeutet neues Sj. im Nom. Sg.	L / G unter *fieri*	als Sj. nur *initium* möglich *fieri* = hier: gemacht werden
explorabant nocturnaque in hic locis concilia habebant.	*explorabant* = 3. P. Pl.; kein Sj. vorhanden, daher gleiches Sj. wie bei *dimittebant* und *consultabant*		*omnes civitates* ist Sj.; 3. HS abgeschlossen, aber duch *-que* fortgesetzt
	explorabant = sie suchten zu erfahren: Frage: Was?	FK	kein Nomen als Objekt vorhanden, daher müssen die beiden indir. Fragesätze das Objekt sein.
	habebant = 3. P. Pl., durch *-que* als 4. Prädik. ohne neues Sj. angeschlossen		4. HS vollständig, Sj. bleiben *omnes civitates*
	nocturna: Nom. / Abl. Sg. Fem. oder Nom. / Akk. Pl. Neutr.?		*concilia* = Akk. Pl. Neutr.; *nocturna* muss dazugehören

3 Cicero

Textanalyse unter Beachtung der Interpunktion

Bei diesem Labortext halten wir uns an die Interpunktion, d. h. wir gehen von Komma zu Komma bzw. Punkt vor. Als Hilfsmittel sollten wieder Grammatik, Formentabelle und Lexikon / Wortkunde bereit liegen.

Text: Römisches Selbstverständnis: Streben nach Ruhm

Im Jahre 62 v. Chr. muss Cicero seinen Lehrer A. Licinius Archias verteidigen, der wegen Anmaßung des Bürgerrechts angeklagt war. Seines Erfolges sicher – Ciceros Bruder war Vorsitzender des Gerichts –, spricht Cicero über Wesen und Bedeutung der Bildung und Dichtkunst.

Neque enim est hoc dissimulandum, quod obscurari non potest, sed prae nobis ferendum: trahimur omnes studio laudis, et optimus quisque maxime gloria ducitur. Ipsi illi philosophi etiam iis libellis, quos de contemnenda gloria scribunt, nomen suum inscribunt: in eo ipso, in quo praedicationem nobilitatemque despiciunt, praedicari de se ac nominari volunt.

Decimus quidem Brutus, summus vir et imperator, Acci, amicissimi sui, carminibus templorum ac monumentorum aditus exornavit suorum. Iam vero ille, qui cum Aetolis Ennio comite bellavit, Fulvius non dubitavit Martis manubias Musis consecrare.

Quare, in qua urbe imperatores prope armati poetarum nomen et Musarum delubra coluerunt, in ea non debent togati iudices a Musarum honore et a poetarum salute abhorrere.

1 ***dissimulare*** – verheimlichen; ***obscurare*** – verbergen; ***prae se ferre*** – „vor sich her tragen", offen zeigen, zugeben; 2 ***optimus quisque*** – (→ A Kap. 29) „jeder Beste", gerade der Beste, alle Guten; 3 ***libellus*** (Deminuitiv zu *liber*) – Büchlein, Werkchen (hier etwas spöttisch gemeint); ***contemnere*** *(= despicere)* – verachten; 4 ***inscribere alicui rei aliquid*** – etwas auf etwas draufschreiben; ***praedicatio*** *(praedicare)* – rühmende Erwähnung; 5 ***nobilitas*** *(notus)* – Bekanntheit; ***praedicare de aliquo*** – rühmend sprechen über jemand; ***nominare*** – hier: lobend erwähnen; 6 ***quidem*** – freilich, wenigstens, gewiss, zwar, allerdings; hier: zum Beispiel; ***Accius*** – berühmter Tragödiendichter; schrieb über den Konsul D. Brutus ein Buch; 7 ***aditus, us*** *(adire)* – Zugang, Eingang; 8 ***Fulvius*** – M. Fulvius Nobilior besiegte die Ätoler; in seinem Heer befand sich der Dichter Ennius; ***Mars, Martis*** – Mars (römischer Kriegsgott); hier bedeutet Mars = Krieg (Stilmittel der Metonymie); 9 ***manubiae, arum*** – Beute; ***consecrare*** *(sacer)* – weihen; 10 ***armatus*** *(arma)* – bewaffnet, in Waffen; 11 ***delubrum, i*** – Heiligtum, Tempel; ***togatus*** – mit der Toga bekleidet (Das Tragen der Toga bedeutete Frieden.), im Friedensgewand; 12 ***abhorrere ab aliqua re*** – zurückschaudern vor, Abstand nehmen von

Neque enim est hoc dissimulandum,

neque enim	beiordnende Konjunktion: „und nicht nämlich = nämlich / denn nicht"
est	Hilfsverb, verlangt ein Prädikatsnomen; hier nur *dissimulandum* möglich; Sj. daher Neutr. Sg.
dissimulandum	nd-Form von *dissimulare* = Gerundiv; es drückt aus, dass etwas getan werden muss, soll oder nicht getan werden darf (➔ A Kap. 36)).
hoc	Nom. / Akk. / Abl. Sg. Neutr.?: Die entsprechenden Fragen „wer / was? wen / was? wodurch?" führen zur einzigen Möglichkeit: *hoc* = Nom. = Sj.

Ü: Und das kann nämlich nicht verheimlicht werden,

quod obscurari non potest,

quod	was / weil / dass? Wegen des vorausgehenden *hoc* liegt die Übersetzung mit „was" = Relativpronomen nahe.
obscurari	Inf. Präs. Pass.; muss von einem Verb abhängen; einzige Möglichkeit ist *potest* = er, sie, es kann; da kein passendes Nomen Nom.Mask. oder Fem. Sg. als Sj. vorhanden ist, bleibt nur ein Nom. Sg. Neutr. als Sj. übrig, also *quod*.

Ü: was nicht verborgen werden kann,

sed prae nobis ferendum:

sed	aber/sondern; leitet einen Gegensatz ein; Frage: zu welchem Gedanken?
prae nobis ferendum <est>	nd-Form von *ferre* = Gerundiv (vgl. *dissimulandum*), also: „wir müssen offen zugeben" = Gegensatz zu „nicht verheimlichen".

Ü: sondern wir müssen offen zugeben:

trahimur omnes studio laudis,

trahimur	1. P. Pl. Ind. Präs. Pass.: wir werden gezogen / getrieben
omnes	Nom. / Akk. Pl.? Da das Passiv *trahimur* kein Objekt im Akk. bei sich haben kann, bleibt nur Nom. übrig und gehört zum Sj.: „wir alle".
studio	Dat. / Abl. Sg.? Die Frage „wem?" ergibt keinen Sinn, also Ablativ auf die Frage „wodurch, wovon?" (beim Passiv üblich).
laudis	nach ➔ A Kap. 27 zwei Möglichkeiten: „des Ruhms" (= Gen. subj.) oder „nach Ruhm" (= Gen. obj.); sinnvoll ist nur die 2. Möglichkeit.

Ü: Wir alle werden vom Streben nach Ruhm getrieben,

et optimus quisque maxime gloria ducitur.

optimus quisque	(vgl. Worterklärung) Nom. Sg. Mask.= Sj.; passt zum Präd. *ducitur*
gloria	Nom. / Abl. Sg. Fem.?; wegen *optimus* nur Ablativ möglich, auf die Frage „wodurch / wovon?"

Ü: und gerade der Beste wird am meisten von der Ruhmsucht / vom Ehrgeiz geleitet.

Ipsi illi philosophi etiam iis libellis,

ipsi illi	Dat. Sg. / Nom. Pl. Mask.? noch nicht zu klären.
philosophi	Gen. Sg. / Nom. Pl. Mask.? Die Kombination *ipsi illi philosophi* ergibt eindeutig: Nom. Pl. Mask.
iis libellis	Dat. / Abl. Pl.? noch nicht zu klären, da ein Verb mit einem entsprechenden Objekt fehlt.

Ü: ?

quos de contemnenda gloria scribunt,

quos	Relativpronomen im Akk. Pl. Mask.; kann sich nur auf *libellis* beziehen.
de contemnenda gloria:	nd-Form von *contemnere* + *gloria* = attributives Gerundiv; Übersetzung nach ➔ A Kap. 36: „über die Verachtung des Ruhms"

Ü: die sie über die Verachtung des Ruhms schreiben,

nomen suum inscribunt:

Der durch den Relativsatz *(quos)* unterbrochene Satz wird weitergeführt.

inscribunt	Laut Worterklärung bzw. Lexikon hat *inscribere* auch ein Dativobjekt bei sich, das nur *iis libellis* sein kann.

Ü (von *ipsi* bis *inscribunt*): **Selbst jene Philosophen schreiben sogar auf die Büchlein, die ..., ihren eigenen Namen drauf:**

in eo ipso,

eo ipso	Abl. Sg. Mask. / Neutr.? Mask. ergibt keinen Sinn, daher: „in genau dem Punkt" (vgl. Grammatik / Lexikon unter *ipse*)

Ü: in genau dem Punkt,

in quo praedicationem nobilitatemque despiciunt,

in quo	Relativpronomen; nimmt die Wendung in *eo ipso* auf.
despiciunt	Sj. sind die *philosophi* aus dem vorhergehenden Satz, da kein neues Sj. genannt ist.

Ü: in dem sie eine rühmende Erwähnung und Bekanntheit verachten,

praedicari de se ac <se> nominari volunt.

praedicari de se ac <se> nominari	Infinitive Präs.Pass. eines AcI; von welchem Verbum abhängig?
volunt	*velle* hat einen Objektsinfinitiv bzw. AcI bei sich (vgl. Grammatik).

Ü: wollen sie, dass über sie rühmend gesprochen wird und sie lobend genannt werden.

Decimus quidem Brutus,

Nom. Sg. Mask. = Sj., aber ohne Prädikat

Ü: Decimus Brutus zum Beispiel,

summus vir et imperator,

Nom. Sg. Mask., zwischen Kommas gesetzt: Apposition im gleichen KNG zu Brutus

Ü: ein hervorragender Mann und Feldherr,

Acci,

Gen. Sg. von *Accius*; Abhängigkeit unklar

Ü: ?

amicissimi sui,

Gen. Sg. Mask., zwischen Kommata gesetzt: Apposition zu *Acci*

Ü: seines besten Freundes,

carminibus templorum ac monumentorum aditus exornavit suorum.

carminibus	Dat. / Abl. Pl.? Dativobjekt („wem, für wen?") ergibt keinen Sinn, also: Ablativ auf die Frage „womit, wodurch?": „mit den Liedern / Dichtungen"; weitere Frage „wessen?" = Genitiv; einzige sinnvolle Möglichkeit: „mit den Dichtungen des Accius"
templorum ac monumentorum … suorum	Gen. Pl. kann nur von *aditus* = Zugänge abhängen (Die Stellung von *suorum* am Satzende ist nur stilistisch begründet.)
exornavit	Bei *exornare* = ausschmücken, ergeben sich die Fragen „was?" und „womit?"

Ü: (von *Decimus* bis *suorum*): **Decimus Brutus zum Beispiel, ein hervorragender Mann und Feldherr, hat mit den Dichtungen des Accius, seines besten Freundes, die Zugänge zu seinen Tempeln und Denkmälern ausgeschmückt.**

Iam vero ille,

iam vero	Überleitung zu einem neuen, gesteigerten Gedanken: „und sogar"
ille	Nom. Sg. Mask.; Bezugswort und Prädikat fehlen, daher muss der HS weitergehen.

Ü: Sogar jener,

qui cum Aetolis Ennio comite bellavit,

qui	Relativpronomen, Nom. Sg. / Pl. Mask.? wegen Nähe zu *ille* und wegen *bellavit* (= Sg.) Nom. = Sj.
cum Aetolis … bellavit	vgl. Worterklärung
Ennio comite	Ablativus absolutus: „unter der Begleitung von Ennius"

Ü: der mit den Ätolern unter der Begleitung von Ennius Krieg führte,

Fulvius non dubitavit Martis manubias Musis consecrare,

Fulvius	Nom. Sg. Mask.: muss Sj. sein und daher mit *ille* verbunden werden.
non dubitavit	Prädikat; *dubitare* mit Infinitiv *(consecrare)* = zögern, Bedenken tragen

Ü: (von *iam* bis *consecrare*): **Sogar jener Fulvius, der ... Krieg führte, hatte keine Bedenken, die Kriegsbeute den Musen zu weihen.**

Quare,

Relative Satzverbindung: „daher, deshalb"; HS muss weitergehen.

Ü: Daher

in qua urbe imperatores prope armati poetarum nomen et Musarum delubra coluerunt,

in qua urbe	Relativsatz mit der Besonderheit, dass beim Relativpronomen *qua* das Bezugswort *urbe* steht; es muss daher in den HS gesetzt werden (Frage: wohin?).
imperatores prope armati	Participium coniunctum; Ausdruck im Nom. Pl. Mask. = Sj.: „die beinahe bewaffneten Feldherrn = die Feldherrn beinahe noch in Waffen"
nomen ... delubra	Nom. / Akk. Neutr:? Nom. nicht möglich wegen *imperatores*, daher Akk.Objekt zu *coluerunt* (3. P. Pl. Ind. Perf. Akt. zu *colere* = verehren)

Ü: in welcher Stadt die Feldherrn, beinahe noch in Waffen, den ruhmvollen Namen der Dichter und die Heiligtümer der Musen verehrten,

in ea non debent togati iudices a Musarum honore et a poetarum salute abhorrere.

in ea	zu *ea* ist *urbe* aus dem Relativsatz (s. o.) zu ergänzen; für die Übersetzung stellt man daher am besten folgendermaßen um: *in ea urbe, in qua* (Dass der Relativsatz vor dem Demonstrativsatz steht und außerdem das Bezugswort in den Relativsatz hineingezogen wird, ist eine häufige Erscheinung im Lateinischen, die man im Deutschen anders wiedergeben muss.).

non debent	*debere* = schulden, müssen; *non debere* = nicht dürfen
togati iudices	„mit der Toga (= dem Friedensgewand) bekleidete Richter"; der Sinn ist hier ganz klar: Was Feldherrn während eines Krieges schon tun (= die Dichter respektieren), das müssen Richter im Frieden erst recht tun (= den Archias freisprechen).
a … et a … abhorrere	zur Übersetzung vgl. Worterklärung
Musarum honore … poetarum salute	Hier liegt – wie der Sinn ergibt – zweimal ein Genitivus obiectivus (➔ A Kap. 27) vor.

Ü: **in der dürfen Richter im Friedensgewand nicht von der Ehrung der Musen und von der Rettung der Dichter Abstand nehmen.**

Gesamtübersetzung (von *quare* bis *abhorrere*): **Daher dürfen in der Stadt, in der die Feldherrn … verehrten, Richter im Friedensgewand nicht … Abstand nehmen.**

4 Plinius

Textanalyse nach Wort- und Sinnblöcken

Der Labortext ist einem Pliniusbrief entnommen. Er besteht aus übersichtlichen Wort- bzw. Sinnblöcken, daher kann man bei der Übersetzung fast ausnahmslos dem lateinischen Wortlaut folgen. Diese Methode ist bei Briefen sehr oft möglich, weil diese Literaturgattung zwar in gepflegter, auch rhetorisch durchgearbeiteter Sprache gehalten ist, in der Regel jedoch einen komplizierten, sich über längere Perioden erstreckenden Satzbau vermeidet. Der Leser eines Briefes sollte eben den Wortlaut und die Gedankenfolge des Textes unmittelbar verstehen können. Das ist auch heute bei Briefen, im Gegensatz zu Referaten oder schriftlichen Abhandlungen, nicht anders. Natürlich muss man trotzdem an einigen mehrdeutigen Stellen des lateinischen Textes (z. B. Endungen, Konjunktionen) oder bei der Suche nach dem Prädikat etwas überlegen.

Text: Ein vorbildlicher Mann

Plinius berichtet von einem Mann namens Aristo, den er über alles bewundert, vor allem wegen seiner wahrhaft stoischen Haltung, mit der er eine schwere Lebenskrise meistert.

Mirareris, si interesses, qua patientia hanc ipsam valetudinem toleret, ut dolori resistat, ut sitim differat, ut incredibilem febrium ardorem immotus opertusque transmittat. Nuper me paucosque mecum, quos maxime diligit, advocavit rogavitque, ut medicos consuleremus de summa valetudinis, ut si esset insuperabilis, sponte exiret e vita, si tantum difficilis et longa, resisteret maneretque; dandum enim precibus uxoris, dandum filiae lacrimis, dandum etiam nobis amicis, ne spes nostras, si modo non essent inanes, voluntaria morte desereret. Id ego arduum in primis et praecipua laude dignum puto. Nam impetu quodam et instinctu procurrere ad mortem commune cum multis, deliberare vero et causas eius expendere, utque suaserit ratio, vitae mortisque consilium vel suscipere vel ponere ingentis est animi.

1 ***mirari*** – sich wundern; ***valetudo, inis*** f. – eig.: Gesundheitszustand; hier (sinngemäß): Krankheit; 2 ***resistere*** – Widerstand leisten, ankämpfen gegen; ***sitim differre*** – den Durst aufschieben, hinhalten; ***febris, is*** – Fieber; ***ardor, oris*** *(ardere)* – Glut, Hitze; 3 ***opertus*** *(operire)* – bedeckt, verborgen, unbemerkt (= ohne es sich anmerken zu lassen); ***transmittere*** – hinüberschicken, vorübergehen lassen, überstehen, überleben; ***nuper*** – neulich, vor kurzem; 4 ***medicus, i*** – Arzt; ***summa valetudinis*** – der gesamte Krankheitszustand; 5 ***insuperabilis*** – „unüberwindlich", unheilbar; ***sponte:*** erg. *<sua> sponte* (vgl. spontan) – freiwillig; 6 ***dare alicui (rei)*** – Rücksicht nehmen auf jemanden / etwas; 7 ***inanis, e*** – nichtig, leer, zwecklos; ***voluntarius*** *(velle)* – freiwillig; 8 ***deserere*** – im Stich lassen; hier: enttäuschen; ***arduus*** – schwierig; 9 ***impetus, us*** m. – Ansturm, Ungestüm, Angriff, Drang; ***quodam*** – → A Kap. 29; ***instinctus, us*** – Gefühlswallung; ***procurrere ad aliquid*** – eilen zu, sich stürzen auf; ***communis, e*** – gemeinsam; 10 ***expendere*** – abwägen, überlegen; 11 ***consilium suscipere*** = *consilium capere;* das Gegenteil: *consilium ponere*

Mirareris, si interesses, qua patientia hanc ipsam valetudinem toleret, ut dolori resistat, ut sitim differat, ut incredibilem febrium ardorem immotus opertusque transmittat.

mirareris	2. P. Sg. Kj. Impf. Pass. (Deponens!); muss HS sein, da sonst nur GS *(si, qua, ut, ut, ut)* vorkommen; HS im Kj. Impf. möglich bei Irrealis der Gegenwart. **Ü:** Du würdest dich wundern
si interesses	2. P. Sg. Kj. Impf. Akt.; bestätigt die Möglichkeit des Irrealis (Konditionalsatz). **Ü: wenn du dabei wärest**
qua patientia	*qua* ist eindeutig Abl. Sg. Fem. des adjektivischen Interrogativpronomens *qui, quae, quod*; dazu passt *patientia*, das auch Abl. Sg. Fem. sein kann. Als Subjekt ist es schlecht möglich, da man bei *toleret* (von *tolerare*) eher eine Person erwartet. **Ü: mit welcher Geduld**
hanc ipsam valetudinem	gehört zusammen: Akk. Sg. Fem. **Ü: gerade diese Krankheit**
toleret (von *tolerare*)	3. P. Sg. Kj. Präs. Akt. (Die a-Konjugation hat als einzige für den Konj. Präs. das Moduszeichen *-e-*; in allen anderen ist es *-a-*.); Subjekt ist sinngemäß „er", d. h. Aristo; der Konjunktiv steht hier wegen des indirekten Fragesatzes *(qua)*, im Deutschen wird er nicht übersetzt. **Ü: er erträgt**
ut dolori resistat	*ut* mit Konjunktiv deutet normalerweise auf die Übersetzung „dass, damit" hin, die aber hier keinen Sinn (weder konsekutiv noch final) ergibt; daher bleibt nur die Übersetzung mit „wie" übrig, d. h. *ut* = „wie" ist hier Fragewort und leitet ebenfalls einen indirekten Fragesatz ein, der im Konjunktiv stehen muss. **Ü: wie er gegen den Schmerz ankämpft**
ut sitim differat	ähnliche Überlegung wie vorher **Ü: wie er den Durst hinhält**

ut incredibilem febrium ardorem immotus opertusque transmittat	wegen der parallelen Konstruktion *(ut … transmittat)* 4. indirekter Fragesatz, allerdings durch Zunahme der Satzglieder gesteigert (Klimax).
incredibilem febrium ardorem	geschlossener Ausdruck
incredibilem … ardorem	(Akk. Sg. Mask.); *febrium* (von *febris, febris* = 3. Dekl. i-Stämme) ist Gen.Pl.
immotus opertusque	Nom. Sg. Mask. des Part. Perf. Pass.; also Participium coniunctum, auf das Subjekt (= er = Aristo) bezogen. **Ü: wie er die unglaubliche Hitze der Fieberanfälle unbewegt und unbemerkt (= ohne es sich anmerken zu lassen) übersteht.**

1. Satz: Du würdest dich wundern, wenn du dabei wärest, mit welcher Geduld er gegen den Schmerz ankämpft, wie er den Durst hinhält, wie er die unglaublichen Hitzewellen des Fiebers unbewegt und unbemerkt von anderen übersteht.

Nuper me paucosque mecum, quos maxime diligit, advocavit rogavitque, ut medicos consuleremus de summa valetudinis, ut, si esset insuperabilis, sponte exiret e vita, si tantum difficilis et longa, resisteret maneretque;

Nuper me paucosque mecum	*me paucosque = me et paucos:* Akkusativobjekte; müssen von einem Verb (Prädikat?) abhängen; gehören jedenfalls zum HS, dessen Prädikat noch folgen muss. **Ü: Vor kurzem … mich und wenige mit mir**
quos maxime diligit	Relativsatz, durch *quos* auf *paucos* bezogen; unterbricht den HS. **Ü: die er am meisten schätzt**
advocavit rogavitque	*advocavit* (er rief herbei) = 1. Prädikat mit den Objekten *me paucosque*; mit *-que* wird das zweite Prädikat *rogavit* angeschlossen; *rogare* kann „fragen" oder „bitten" bedeuten; grundsätzlich gilt: *rogare* mit indirektem Fragesatz = „fragen", *rogare* mit *ut* + Kj. = „bitten" (wie hier). **Ü: er rief herbei und bat**

ut medicos consuleremus de summa valetudinis	*ut*-Satz zu *rogare*; zur Bedeutung von *consulere* vgl. ➔ A Kap. 31; Verbform ist 1. P. Pl. Kj. Impf. Akt.; mit *de* + Abl. wird der Inhalt der Frage angegeben. **Ü: dass wir die Ärzte über das Gesamtbild der Krankheit befragten** (besser: statt dass-Satz den Infinitiv setzen)
ut, si esset insuperabilis, sponte exiret e vita	Es ist leicht zu sehen, dass der *ut*-Satz unterbrochen ist und dann weitergeht. Die Übersetzung von *ut* ist nicht schwierig, da ein Konsekutivsatz („sodass") wenig Sinn ergibt, ein Finalsatz („damit") dagegen die Absicht, die Aristo mit seiner Bitte verbindet, ausdrückt.
si esset insuperabilis	Die Bedeutung von *insuperabilis* = „unheilbar" weist klar auf das einzig mögliche Subjekt des *si*-Satzes hin: *valetudo*; der folgende *si*-Satz zeigt, dass hier offenbar zwei Alternativen für das Krankheitsbild genannt werden; 1. Alternative: „unheilbar" **Ü: damit er, wenn sie unheilbar sei, freiwillig aus dem Leben scheide**
si tantum difficilis et longa	2. Alternative: „nur schwierig und langwierig"; das *esset* vom 1. *si*-Satz kann hier entfallen, da es sich leicht ergänzen lässt. **Ü: wenn sie nur schwierig zu behandeln und langwierig sei**
resisteret maneretque	Prädikate zum *ut*-Satz; gleiches Subjekt wie zu *exiret*: er = Aristo **Ü: er dagegen ankämpfe und (am Leben) bleibe**

2. Satz: Vor kurzem rief er mich und zusammen mit mir einige wenige, die er besonders schätzt, zu sich und bat uns, die Ärzte über das Gesamtbild der Krankheit zu befragen, damit er, wenn sie unheilbar sei, freiwillig aus dem Leben scheide, wenn sie aber nur schwierig zu behandeln und langwierig sei, er dagegen ankämpfe und am Leben bleibe.

dandum enim precibus uxoris, dandum filiae lacrimis, dandum etiam nobis amicis, ne spes nostras, si modo non essent inanes, voluntaria morte desereret.

Ein Überblick über diesen Satz zeigt: Da *ne* und *si* eindeutig GS-Konjunktionen sind, muss der Rest *dandum … amicis* HS sein. Der HS besteht – leicht erkennbar – aus drei gleich konstruierten Teilen (dreimalige Anapher *dandum*), d. h. wenn ein Teil richtig übersetzt ist, gibt es auch für die anderen keine Schwierigkeit.

dandum enim precibus uxoris etc.

dandum ist eine nd-Form von dare, hier ein prädikatives Gerundivum (➔ A Kap. 36), bei dem die Kopula (= Form von *esse*) fehlt. Die Kopula *esse* kann wegfallen, wenn ein Gerundivum in einen AcI eingebaut ist. Das für den AcI notwendige übergeordnete Verb des Sagens ergibt sich aus dem Zusammenhang: Aristo bittet die Freunde um einen Gefallen und erklärt ihnen dann den Grund der Bitte. Wir müssen also folgendermaßen ergänzen: *<dixit> dandum enim <sibi esse> precibus uxoris.*

Ü: er müsse nämlich Rücksicht nehmen auf die Bitten seiner Frau, er müsse Rücksicht nehmen auf die Tränen seiner Tochter, er müsse Rücksicht nehmen auch auf uns Freunde

ne spes nostras

ne ist Einleitung eines verneinten Finalsatzes, daher: „damit nicht"; *spes* kann wegen *nostras* (Akk. Pl. Fem.) ebenfalls nur Akk. Pl. sein; daher ist *spes nostras* Akkusativobjekt zu einem Verb (Prädikat?), das noch folgen muss.

si modo essent inanes

unterbricht den *ne*-Satz; Subjekt zu *essent inanes* („zwecklos") können sinngemäß nur „die Hoffnungen" sein.

voluntaria morte desereret:

voluntaria morte = Abl. Sg. auf die Frage „womit, wodurch?" *desereret* = 3. P. Sg. Kj. Impf. Akt.; Subjekt ist wieder *Aristo*, *deserere* (= im Stich lassen, enttäuschen) hat ein Akkusativobjekt bei sich *(= spes nostras).*

Ü: damit er nicht unsere Hoffnungen, sofern sie nicht zwecklos seien, durch einen freiwilligen Tod enttäusche

3. Satz: Er müsse nämlich Rücksicht nehmen auf die Bitten seiner Frau, die Tränen seiner Tochter und auch auf uns Freunde, damit er unsere Hoffnungen, sofern sie nicht zwecklos seien, nicht durch seinen Freitod enttäusche.

Id ego arduum in primis et praecipua laude dignum puto.

id ego arduum	*id* kann nicht zu arduum direkt gehören (also nicht „dieses schwierige"), da beide Begriffe durch das Subjekt *ego* getrennt sind; da ein eindeutiges Subjekt vorhanden ist, kann *id … arduum* nur Akk. Sg. Neutr. sein und ein Verb mit Akk. Obj. muss noch folgen.
in primis	= *imprimis* (Adverb)
et praecipua laude dignum	*et* verbindet gleichrangige Satzglieder; von allen Möglichkeiten bleibt nur *arduum* übrig, dem also eine gleichrangige Form folgen muss, nämlich *dignum*.
praecipua	von allen Möglichkeiten für die Endung *-a* (Nom. / Abl. Sg. Fem., Nom. /Akk. Pl. Neutr.) kann hier nur Abl. Sg. Fem. vorliegen, also *praecipua* zu dem eindeutigen Abl. Sg. Fem. *laude*.
puto	Prädikat dieses HS in der 1. P. Sg. Ind. Präs. Akt., stimmt mit *ego* überein. *putare* hat in der Bedeutung „halten für" (nachschlagen in Grammatik / Lexikon) den doppelten Akkusativ bei sich, dazu passt *id … arduum … dignum*. **Ü: Dies halte ich für besonders schwierig und besonderen Lobes würdig.**

4. Satz (etwas freier): Dies ist in meinen Augen außerordentlich schwierig und verdient besondere Anerkennung.

Nam impetu quodam et instinctu procurrere ad mortem commune cum multis, deliberare vero et causas eius expendere, utque suaserit ratio, vitae mortisque consilium vel suscipere vel ponere ingentis est animi.

Wir gehen wieder nach Sinnblöcken vor; gut wäre es, schon beim Lesen des Satzes zu erkennen, dass eine Zweiteilung vorliegt, gekennzeichnet durch *vero* (jedoch, aber).

nam impetu quodam et instinctu	dreimal gleiches KNG (Abl. Sg. Mask.), gehört also zusammen; Frage „womit, wodurch?"; zur Übersetzung von *quidam* ➔ A Kap. 29 **Ü:** denn sozusagen mit Ungestüm und einer Gefühlswallung

procurrere ad mortem

Aus der Bedeutung von *procurrere* (Lexikon) = „eilen zu" folgt als Ergänzung *ad mortem*; Infinitiv muss von einem anderen Verb / Ausdruck abhängen.

Ü: in den Tod zu eilen

commune cum multis

commune (von *communis, e*) ist eindeutig eine Neutrumform (Nom. / Akk.Sg.) und kann daher keinesfalls zu *mortem* (Akk. Sg. Fem.) gehören; es bleibt nur folgende Lösung: unpersönlicher Ausdruck, wobei ein *est* zu ergänzen ist; davon kann dann auch ein Infinitiv abhängen (Beispiel: *errare humanum est*) = Subjektsinfinitiv (Grammatik)

Ü: ist gemeinsam mit vielen

deliberare vero

vero leitet einen gegensätzlichen Begriff / Gedanken ein, hier also einen gegensätzlichen Infinitiv bzw. Subjektsinfinitiv

Ü: zu überlegen aber

et causas eius expendere

mit *et* kann hier nur ein weiterer Infinitiv (gleichrangiges Satzglied) angeschlossen werden, nämlich *expendere*; als Akkusativobjekt zu *expendere* =„abwägen" bleibt nur *causas* = „die Gründe"; *eius* = „dessen, dafür" muss sich auf *mortem* beziehen.

Ü: und die Gründe dafür abzuwägen

utque suaserit ratio

utque = *et ut*; wegen *et* muss also noch einmal ein Infinitiv folgen, d. h. der *ut*-Satz unterbricht die Infinitivreihe; da *suaserit* = Kj. Perf. ist, fallen aufgrund der Zeitenfolge der finale oder konsekutive *ut*-Satz weg, und es bleibt nur *ut* = „wie" übrig. Der Konjunktiv ist dann als Potentialis der Gegenwart zu erklären.

Ü: und wie es die Vernunft raten dürfte

vitae mortisque consilium

gehört zum nächsten Infinitiv; die Übersetzung des Genitivs (subiectivus oder obiectivus (➔ A Kap. 27) dürfte klar sein: „der Entschluss zum …"; für das *-que* bietet sich im Deutschen sinngemäß besser die Übersetzung „oder, bzw." an; ob *consilium* Nom. oder Akk. ist, muss der weitere Text ergeben.

Ü: der / den Entschluss zum Leben bzw. Tod

vel suscipere vel ponere	3. Subjektsinfinitiv (nach *et, ut*), hier in zwei Alternativen *(vel … vel)* aufgeteilt; beide Verben brauchen ein Akkusativobjekt, das nur *consilium* sein kann. **Ü: entweder zu fassen oder aufzugeben**
ingentis est animi	*esse* mit Genitiv bedeutet „es zeugt von, es ist ein Zeichen von, es verrät u. Ä." (Genitivus possessivus); von diesem unpersönlichen Ausdruck „es ist ein Zeichen von ungeheurem Mut, es verrät innere Stärke" hängen die Subjektsinfinitive *deliberare, expendere, suscipere, ponere* ab; der Ausdruck *ingentis est animi* entspricht daher *commune <est> cum multis.* **Ü: verrät ungeheure innere Stärke**

5. Satz (etwas freier): Denn sozusagen auf einen gefühlsmäßigen inneren Drang hin in den Tod zu eilen, dies hat man mit vielen gemeinsam, jedoch genau zu überlegen, die Gründe für einen Freitod abzuwägen und, wie es die vernünftige Überlegung raten dürfte, den Entschluss zum Tod bzw. zum Leben entweder zu fassen oder aufzugeben, dies verrät eine ungeheure innere Stärke.

5 Sallust

Textanalyse durch optische Kennzeichnung der Gedankenstruktur

Der folgende Labortext stammt aus der Rede des Marius (Sallust, Bellum Iugurthinum), in der er gegensätzliche Auffassungen zwischen dem von ihm bekämpften Adel und seinen eigenen deutlich zur Sprache bringt. Wir versuchen daher, schon durch das Schriftbild die Gedankenstruktur des Textes zu veranschaulichen und somit die Übersetzung in die richtige Bahn zu lenken. Natürlich kann man auch nach der Methode der bisherigen Labortexte (Wort für Wort, Satzglied für Satzglied, Satzteil für Satzteil, Komma für Komma) vorgehen.

Text: Wahrer Adel

a) Sed quoniam vostra consilia accusantur, qui mihi summum honorem et maxumum negotium imposuistis, etiam atque etiam reputate, num eorum paenitendum sit.

b) Non possum fidei causa imagines neque triumphos aut consulatus maiorum meorum ostentare, at, si res postulet, hastas, vexillum, phaleras, alia militaria dona, praeterea cicatrices advorso corpore.

c) Hae sunt meae imagines, haec nobilitas, non hereditate relicta, ut illa illis, sed quae ego meis plurumis laboribus et periculis quaesivi.

d) Non sunt composita verba mea: parvi id facio. Ipsa se virtus satis ostendit. Illis artificio opus est, ut turpia facta oratione tegant.

e) Neque litteras Graecas didici; parum placebat eas discere, quippe quae ad virtutem doctoribus nihil profuerant.
At illa multo optuma rei publicae doctus sum: hostem ferire, praesidia agitare, nihil metuere nisi turpem famam, hiemem et aestatem iuxta pati, humi requiescere, eodem tempore inopiam et laborem tolerare.

f) His ego praeceptis milites hortabor
neque illos arte colam,
me opulenter
neque gloriam meam,
laborem illorum faciam.
Hoc est utile, hoc civile imperium.

a) ***consilia*** – hier: Beschlüsse; gemeint sind die Wahl zum Konsul *(honorem)* und die damit verbundene Übertragung des Oberkommandos *(negotium)* im Krieg gegen Jugurtha; ***etiam atque etiam*** = *iterum atque iterum*; ***reputare*** – überlegen; ***eorum*** *<consiliorum>*; ***paenitendum*** – erg. *<vos>*; b) ***fides*** – Glaubwürdigkeit; ***imago, inis*** – Bild; hier: Ahnenbild; ***ostentare*** – Verbum intensivum zu *ostendere*; ***hasta*** – Lanze; ***vexillum*** – Fahne; ***phalera*** – Auszeichnung, Orden; ***cicatrix, icis*** – Narbe; ***advorso corpore*** – „mit zugewandtem Körper" = vorn auf der Brust; c) ***hereditas, atis*** – Erbschaft; d) ***compositus*** – wohlgeordnet, wohlgesetzt; ***virtus*** – Bei Sallust bedeutet *virtus* in der Regel „(persönliche) Tüchtigkeit, Leistung, Tapferkeit"; ***artificium*** *(ars, facere)* – Kunstgriff, Trick; e) ***parum*** – zu wenig (vgl. *paulum* – ein wenig); ***placebat*** *<mihi>*; ***doctor*** *(docere)* – Gelehrter, Gebildeter; ***illa ... optuma*** (beides Akk. Pl. Neutr.) ... ***doctus sum*** – sog. griechischer Akkusativ; er wird vor allem von Dichtern bzw. Autoren, die dichterische Elemente verwenden – wie auch von Sallust – als Akkusativ der Beziehung („in welcher Beziehung, Hinsicht?") gesetzt: „ich bin in jenen ... besten Dingen ... gebildet"; ***ferire*** – schlagen, erschlagen; ***praesidia agitare*** – Posten stehen; ***iuxta*** (als Adverb, bei Sallust häufig) – gleichermaßen, ebenso wie (vgl. *iuxta* mit Akk. – nahe bei); ***requiescere*** *(requies)* – ausruhen, schlafen; f) ***arte*** (Adv. von *artus*) ***colere*** – knapp verpflegen, knapp halten; dagegen: ***se opulenter colere*** – sich reichlich verpflegen, es sich gut gehen lassen; ***civilis*** – bürgerfreundlich

a) Das **erste Satzgefüge** besteht aus einem kausalen GS *(quoniam)* mit anschließendem RS *(qui)* und einem HS im Imperativ *(reputate)*, an den sich ein *num*-GS anschließt.

quoniam-GS: Sinn ist klar: „Eure Beschlüsse werden kritisiert."

qui-RS: Die Beziehung des Relativpronomens *qui* (Nom. Sg./ Pl. Mask.?) ist vorerst schwierig; wegen des Nominativs muss es Subjekt sein, ein Bezugswort im Mask. Sg. / Pl. im übergeordneten Satz ist aber nicht vorhanden. Hilfe bringt das Prädikat *imposuistis* = ihr habt auferlegt, Lösung: Das fehlende Bezugswort steckt in *vostra consilia*, das man statt „eure Beschlüsse" mit „Beschlüsse von euch" übersetzen muss, woran sich dann der RS ohne weiteres anfügen lässt: „... von euch, die ihr ..."

num-GS: Das Fragepartikel *num* in abhängigen Fragesätzen bedeutet „ob, ob nicht"; zur Konstruktion bei *paenitet* → A Kap. 31; zur Übersetzung des prädikativen Gerundivums *paenitendum <vos> sit* → A Kap. 36.

Ü: Doch weil die Beschlüsse von euch beklagt werden, die ihr mir das höchste Ehrenamt und (damit) eine höchst wichtige Aufgabe (auferlegt) übertragen habt, so überlegt immer wieder, ob ihr sie (= die Beschlüsse) nicht bereuen müsst.

b) Es folgt der **erste Gegensatz**: *Non possum … at <possum>* = Ich kann nicht … dagegen aber kann ich …

possum hat einen Objektsinfinitiv bei sich: *ostentare* (zeigen, zur Schau tragen, vorweisen)

fidei causa *causa* (nachgestellt) mit Gen. – um … willen, wegen; also hier: „wegen der Glaubwürdigkeit"; besser: „um mir Glaubwürdigkeit zu verschaffen"

imagines etc. bzw. *hastas* etc. Beide Objektreihen bilden den Inhalt des ersten Gegensatzes: Die Gegner (= Adel) berufen sich auf Fremdleistungen (der Vorfahren), Marius hat keine Vorfahren mit solchen „Leistungen", also kann er nur auf eigene Leistungen verweisen.

si res postulet Konditionalsatz im Konjunktiv Präsens = Potentialis: „wenn es die Sache, Lage, Situation erfordern sollte" oder kürzer „falls erforderlich"

Ü: Ich bin nicht in der Lage, um mir Glaubwürdigkeit zu verschaffen, Ahnenbilder, Triumphe oder Konsulate meiner Vorfahren vorzuweisen, dagegen aber, falls es die Situation erfordern sollte, Lanzen, eine Fahne, Orden, andere militärische Geschenke, außerdem Narben vorn auf der Brust.

c) **Zweiter Gegensatz:** ererbter „Adel" und durch eigene Leistung geschaffener Adel.

Hae sunt meae imagines, haec <est mea> nobilitas	Bei diesem Satz ist zunächst die Kongruenzregel zu beachten: Wenn ein Demonstrativ– (wie hier), Interrogativ- oder Relativpronomen Subjekt ist, richtet es sich im KNG nach dem Prädikatsnomen (*imagines* bzw. *nobilitas*). Ferner sind hier die Demonstrativpronomina *hic* und *ille* von Sallust korrekt verwendet (➔ A Kap. 10). *Hae* bzw. *haec* bezieht sich sinngemäß auf das zuletzt Genannte (*hastas, vexillum* etc.), grammatikalisch auf *imagines* bzw. *nobilitas*.
hereditate relicta	Ein Abl.abs. („nachdem die Erbschaft zurückgelassen war") wäre hier sinnlos; daher sind beide Ausdrücke zu trennen: *hereditate* = durch Erbschaft; *relicta* muss folglich Participium coniunctum sein, aber womit „verbunden"? *Relicta* kann Nom. Sg. Fem. oder Nom. / Akk. Pl. Neutr. sein. Bei Nom. Sg. Fem. kommt nur die Beziehung auf *nobilitas* in Frage, was möglich ist („mein Adel, der durch E. hinterlassen wurde"), bei Nom.Pl. Neutr. kommt nur als Sammelbegriff die Beziehung auf *hastas* etc. in Frage, was ebenfalls möglich ist („All das sind meine Ahnenbilder, … ist mein Adel, was …). Eine Entscheidung ist noch nicht möglich.
ut illa illis	*ut* kann hier nur „wie" heißen; *illa* bezieht sich auf etwas entfernter Liegendes, also auf *imagines*. Die genaue Bestimmung von *illa* ist ähnlich wie bei *relicta* noch nicht möglich.
sed quae … quaesivi	*sed* leitet Gegensatz zu *non* ein; *quae* = Relativpronomen kann Nom. Sg. Fem. oder Nom. / Akk. Pl. Neutr. sein. Die Entscheidung bringt das Prädikat *quaesivi* = ich habe erworben; als Objekt im Akk. kommt nur *quae* in Frage, also *quae* = Akk. Pl. Neutr. Da *sed quae* der Gegensatz zu *non … relicta* ist, muss also *relicta* und *illa* ebenfalls Neutr. Pl. sein.

Ü: All das sind meine Ahnenbilder, all das mein Adel, was mir nicht durch Erbschaft hinterlassen wurde, wie jenes (= imagines etc.) jenen, sondern was ich mir durch eigene Anstrengungen und Risiken erworben habe.

d) **Dritter Gegensatz:** Meine Worte sind nicht kunstvoll, da die Taten für mich sprechen. Jene haben rhetorische Tricks nötig, um ihre Schandtaten zu verbergen.

parvi id facio	Genitivus *pretii* bei *facere*: „etwas gering schätzen".
illis artificio opus est	Konstruktion bei *opus est*: Grundbedeutung: *alicui aliqua re opus est* – „jemanden ist mit etwas geholfen", besser: „jemand hat etwas nötig"; hier also: „jene haben Tricks nötig"
ut … tegant	Hier kann nur ein Finalsatz vorliegen: „um zu"

Ü: Meine Worte sind nicht wohlgesetzt; ich schätze das gering ein. Wahre Tüchtigkeit erweist sich selbst zur Genüge. Jene aber müssen zu Tricks greifen, um ihre Schandtaten durch eine (schöne) Rede zu verdecken.

e) **Vierter Gegensatz**: Ich habe nichts von dem gelernt, was jene gelernt haben, weil es offenbar nutzlos ist. Dafür bin ich in nützlichen Bereichen ausgebildet, im Gegensatz zu jenen.

litteras Graecas	Griechische Wissenschaften waren ein Bildungsgut der Adeligen.
parum placebat <mihi>	Nach *placet* folgt ein Subjektsinfinitiv.
quippe quae … profuerant	Nach *quippe* (Kausalkonjunktion) steht gewöhnlich der Konjunktiv, hier allerdings der Indikativ, weil Marius aus seiner Sicht eine Tatsache feststellt.
multo optuma	häufiger *longe* statt *multo* beim Superlativ (➔ A Kap. 20) = „bei weitem"
rei publicae	Genitiv oder Dat. Sg.? Ein Vergleich der Möglichkeiten „das Beste des Staates" oder „das Beste für den Staat" (➔ A Kap. 21) sowie die folgende Aufzählung der Tätigkeiten führt zur richtigen Lösung, nämlich Dativ.

Ü: Auch die griechische Wissenschaft habe ich nicht gelernt; es gefiel mir nicht recht sie zu lernen, da sie ja zur (im Hinblick auf die) Tüchtigkeit den Gelehrten nichts genützt hatte. Dagegen bin ich in den Bereichen, die für den Staat bei weitem am besten sind, ausgebildet: einen Feind zu erschlagen, Posten zu stehen, nichts zu fürchten außer eine üble Nachrede, Winter und Sommer (besser: Kälte und Hitze) gleichermaßen auszuhalten, auf dem nackten Erdboden zu schlafen, Not und Strapazen zur gleichen Zeit zu ertragen.

f) Zum Abschluss bringt Marius noch einmal seine Art der Machtausübung (im Gegensatz zu den Methoden des Adels) gegenüber den Soldaten zur Sprache und zeigt an zwei *(neque … neque)* Gegensatzpaaren *(illos … me, meam … illorum)*, wie er es nicht macht.

his ego praeceptis	*his* bezieht sich wieder korrekt auf das zuletzt Genannte, nämlich auf die aufgezählten Tätigkeiten des Marius als Soldat; dies sind seine „Regeln, Grundsätze" *(praecepta)*.
colam … faciam	theoretisch Kj. Präs. oder Ind. Futur I möglich; das vorausgehende *hortabor* aber ist eindeutig Futur I, daher auch *colam* und *faciam*.
gloriam meam, laborem illorum faciam	Die Stelle ist etwas schwierig, da eine wörtliche Übersetzung („ich werde meinen Ruhm, die Arbeit jener machen") unbefriedigend und nicht verständlich ist. Hier kann nur die Grammatik bzw. das Lexikon helfen. Man findet dann: *facere* mit doppeltem Akkusativ (*facere aliquem amicum* – jemanden zum Freund machen; und *facere* mit Akkusativobjekt und Genitiv eines Prädikatsnomens (als Genitivus possessivus; z. B. *facere aliquid alicuius* – etwas zum Besitz von jemandem machen; die Möglichkeit *facere aliquid* + Genitivus pretii trifft hier nicht zu.

Lösung:	*gloriam meam faciam*	ich werden den Ruhm zu meinem machen
	laborem illorum faciam	ich werde die Arbeit zu ihrem „Besitz" (besser: zu ihrer Angelegenheit) machen

Nun ist der Sinn klar und man kann nach einer besseren Übersetzung suchen.

Ü: Nach diesen (genannten) Grundsätzen werde ich meine Soldaten anfeuern und werde sie nicht knapp halten, mir dagegen es gut gehen lassen, noch werde ich den Ruhm für mich beanspruchen, die Arbeit dagegen ihnen überlassen. Das ist zuträgliche, das ist bürgerfreundliche Ausübung der Befehlsgewalt (oder: Das heißt ..., das bedeutet ..., darunter versteht man ..., darunter verstehe ich ...).

D Übersetzungen zu den Texten

A Grundkurs

Seite 12 ‹

1. Julius und Markus sind gute Freunde. Schon lange bemühen sie sich, die lateinische Sprache zu lernen. Nicht immer gefällt den Jungen das Studium der lateinischen Sprache. Besonders die Menge der Vokabeln bereitet einige Tücken. Daher sind sie meistens aufgeregt, wenn der strenge Lehrer täglich die Verben, Substantive, Adjektive und Partikeln prüft.
Und er prüft nicht nur die Vokabeln, sondern auch die Formen der Vokabeln und Sätze wie z. B.: Claudius ist fleißig; Claudia ist fleißig; Markus und Claudia sind fleißig; Markus gibt der Freundin Claudia ein Buch; Markus gibt den Freunden Bücher; der Lehrer erklärt den Kindern die Bücher …
Nicht alle Kinder können richtig antworten; aber Julius kann sich oft freuen, weil er sich große Mühe gibt und dem Lehrer richtig antwortet. Denn er ist wissbegierig und erfreut oft den Lehrer. Aber Markus ist das Glück nicht so günstig gesinnt wie Julius.

Seite 14 ‹

2. Markus kümmert sich lange nicht viel um die lateinische Sprache. Während der Lehrer Regeln mit großer Sorgfalt erklärt und den Kindern einiges von den Römern erzählt, ärgert Markus die Schüler, besonders die Mädchen, mit Spielen und Scherzen. Oft tadelt der Lehrer die Schüler mit strengen Worten und mahnt: „Seid aufmerksam, Schüler! Bemüht euch auch ihr, Mädchen, um die lateinische Sprache! Und dir, Markus, werde ich keine gute Note geben können, wenn du nicht aufmerksam sein und dich mit großem Eifer um die lateinische Sprache bemühen wirst. Gib dir also Mühe, vermehre dein geringes Wissen, sei aufmerksam und erfreue mich durch deinen Fleiß! Auch Julius wird dir seine Hilfe anbieten. Ich kenne ihn gut, er mag dich und wird dir, wenn es notwendig ist, seine Hilfe gern geben. Auch ich werde dir einen schwierigen, aber sicheren Weg zum Erfolg zeigen. Sowohl durch deine Bemühung als auch durch die Sorgfalt deines Freundes wirst du Erfolg haben."

3. Die Anfänge des römischen Volkes waren bescheiden. Die Römer waren einst tüchtige, gerechte und anständige Bauern. Die ganze Familie – die Frauen, Kinder und einige Sklaven – bearbeitete mit höchstem Einsatz die Felder. Obwohl das Leben der alten Bewohner Italiens beschwerlich war, waren sie dennoch frei von Sorgen und dankbar, weil sie die notwendige Nahrung für sich und ihre Familien beschaffen konnten. Sie waren mit Wenigem zufrieden und hatten keinen Reichtum. Daher priesen die berühmten Dichter der Römer das Leben der ersten Einwohner Italiens.
Die alten Römer waren pflichtbewusst gegenüber Göttern und Göttinnen. Wenn das Land blühend und das Klima gut war, opferten sie den Göttern und Göttinnen und errichteten Statuen, Tempel und Bildnisse von Göttern und Göttinnen. Oft beteten sie: „Gute Götter, immer halft ihr uns, wenn es nötig war, und wir waren euch niemals undankbar. Helft uns, haltet Not und Elend fern! Wir werden euch immer dankbar sein."
Nicht selten drohten böse Piraten den Bauern und versuchten, gewaltige Beute wegzuschaffen und das Land zu plündern. Doch die Römer verzweifelten niemals, immer wieder überwanden sie durch Kühnheit die Gefahren. › Seite 17

4. Nur wenige Männer des römischen Volkes besaßen großen Reichtum. Einige besaßen ein ansehnliches Landgut und viele Sklaven und Sklavinnen. Auf dem Landgut reicher Herren arbeiteten sowohl Sklaven als auch freie Bauern. Ein Verwalter des Herrn kümmerte sich um die Arbeit der Sklaven und Bauern. Am Morgen befiehlt der Verwalter den Sklaven: „Heute werden wir das Getreide auf das Landgut bringen. Richtet mit großer Sorgfalt unsere Fahrzeuge und alle notwendigen Geräte her! Unser Herr wird uns auf dem Feld besuchen und meine und eure Arbeit prüfen. Wenn er mit unserer Arbeit zufrieden sein wird, wird er uns sicher einen ansehnlichen Lohn geben." Tatsächlich geht der Herr auf die Felder, lobt den Eifer und Einsatz der Sklaven auf den Feldern und freut sich, dass die Sklaven eine so große Menge Getreide in die Scheunen bringen werden. › Seite 18

5. In den ersten Lebensjahren erzogen Vater und Mutter ihre Kinder. Vor allem lehrten sie den Jungen und Mädchen Fleiß, Zurückhaltung und Ehrfurcht vor den Göttern. Wenn die Familie nicht reich war, konnten die Kinder etwa im siebten Jahr eine Grundschule besuchen. Die Lehrer der Grundschule waren meistens Sklaven oder Freigelassene. Weil sie keinen Reichtum, besonders aber keinen guten Ruf hatten, waren sie nicht geachtet. Es ist nicht verwunderlich, wenn die Schüler ihre Lehrer für nicht achtenswert hielten. Daher machte es den Schülern in vielen Stunden Spaß, den Lehrer mit Hochmut zu behandeln. Der Lehrer aber konnte die Kinder manchmal nur mit Schlägen unter Kontrolle halten. In der Grundschule bemühten sich die Lehrer viele Stunden lang, den Schülern die Formen der Buchstaben beizubringen; außerdem mussten die Schüler immer wieder mit Hilfe der Finger zählen. › Seite 20

Seite 21 ‹

6. Heute freuen sich Julius und Markus, weil der Lehrer verkündet hat: „Ich werde euch das alte römische Forum zeigen und einiges von den Denkmälern und Gebäuden des Forums erzählen. Denn durch euren Fleiß habt ihr mich mit großer Freude erfüllt.
Schaut auf die Karte! Der Platz zwischen dem Kapitol und dem Palatin war einst sumpfig und für einen menschlichen Wohnsitz nicht günstig. Ungefähr vom 7. Jh. v. Chr. an haben die Römer begonnen, die Gegend, wo wir heute die Überreste des alten Forums sehen, trockenzulegen; dort, wo damals die Gräber der Toten waren, haben sie Straßen, Häuser, Tempel, ja sogar einen Kanal gebaut.
Schaut nun vom Kapitol auf das Forum! Mitten durch das Forum verläuft die heilige Straße, entlang der heiligen Straße liegen die Basilika Julia und der Tempel des Gaius Julius Cäsar, hinter der Basilika sind drei Säulen des Kastortempels übrig, des Schutzherrn der römischen Patrizier.
In der Nähe des Kastortempels und vor dem Atrium der Vesta befindet sich die Quelle der Juturna. Das Wasser der Juturna war den Römern heilig. Unter dem Kapitol seht ihr die Säulen des Saturntempels, vor diesem Tempel die Rednerbühne. Nahe der Rednerbühne liegt das erste Zeugnis der lateinischen Sprache, der schwarze Stein. Vom Kapitol bis zur Kurie erstreckt sich das Komitium. Hinter der Kurie haben Cäsar, Nerva und andere berühmten Männer ihre Foren errichtet. Den Raum zwischen der Kurie und der Basilika Ämilia haben die Römer Argiletum genannt. Hier ist das Janustor gewesen."

Seite 23 ‹

7. Sextus Frontinus, dem Verfasser eines berühmten Buches über die Wasserversorgung in Rom, war die Verwaltung der Wasserversorgung vom Kaiser Nerva übertragen worden. Pflicht der Verwalter der Wasserversorgung war es, die Gebäude der Wasserversorgung zu erhalten, alle Bediensteten des Verwalters zu beaufsichtigen, Streitigkeiten von Privatleuten zu entscheiden, wenn sie untereinander wegen der Wasserquellen stritten. Weil Frontinus die ihm übertragene Aufgabe mit höchster Gewissenhaftigkeit erfüllt hatte, stand er bei den Kaisern in hohen Ehren.
In dem Buch, das mit großem Wissen geschrieben ist, erzählt er uns viel über die Wasserversorgung in Rom. Nach der Gründung Roms waren die Römer viele Jahre mit dem von der Natur gespendeten Wasser zufrieden gewesen, wie zum Beispiel mit dem Wasser des Tiberflusses, der Brunnen oder der Juturnaquelle. Die Zahl der Bewohner nämlich war klein gewesen, Rom war noch nicht mit großen Bauten, wie den Thermen, geschmückt, schließlich war das tägliche Leben frei von Luxus gewesen. Weil aber das Wasser der Juturnaquelle, wie die alten Einwohner glaubten, Kranke, die von Krankheiten und Schmerzen geplagt wurden, heilen konnte, war es für die alten Römer Brauch gewesen, Juturna, der berühmten Schwester des Königs Turnus, höchste Ehre zu erweisen. Über Turnus, den Bruder der Juturna, werde ich euch bald einiges erzählen.

8. Äneas, der berühmte Führer der Trojaner, hielt auf seinen Fahrten harte Strapazen aus, machte schwere Verluste lieber Menschen mit und führte seine Gefährten aus vielen Gefahren. Nachdem er viele Jahre lang über weite Meere getrieben worden und nach langen Irrfahrten endlich nach Italien gekommen war, gab es noch kein Ende der Mühen. Denn ein harter Kampf mit den Latinern, den Landesbewohnern, besonders mit Turnus, dem starken König der Rutuler und Bundesgenossen des Königs Latinus, stand den Trojanern bevor. Außerdem hatte Äneas den Zorn des Turnus gesteigert, weil der Rutulerkönig von der Liebe zu Lavinia, der Tochter des Latinus, entbrannt war, Lavinia aber von den Göttern dem Äneas als Frau bestimmt war. Es ist kein Wunder, wenn Turnus seinen Zorn nicht zurückhalten konnte und vom Hass auf Äneas entbrannte. Aber Turnus half, auch wenn er mit Hilfe seiner Gefährten vielen Trojanern einen schlimmen Tod bereitet hatte, das Kriegsglück nicht. › *Seite 26*

9. Vom Unheil und den Leiden der Seinen bewegt, bat Turnus Latinus und sagte: „Unsere Soldaten wurden von den harten Kämpfen sehr heimgesucht. Wie viele und welch große Strapazen haben sie ertragen? Welch bitteres Schicksal wird uns erwarten, wenn die Trojaner Sieger sein werden? Welche Rettung können wir erhoffen? Opfere daher den Göttern, schließe ein Bündnis mit den Trojanern! Ich bin bereit, für uns alle mit dem Führer der Feinde zu kämpfen. Entweder werde ich mit meiner Rechten Äneas töten und in den Tartarus schleudern oder dem Äneas wird, wenn er Sieger sein wird, Lavinia als Frau gehören." › *Seite 27*

Auf die Worte des Turnus antwortete Latinus: „Turnus, durch deine Tüchtigkeit und Tapferkeit übertriffst du alle Menschen. Von deinem Vater war dir ein großes Reich gegeben worden. Du hast dein Reich in vielen erfolgreichen Schlachten vergrößert. Obwohl die großen Götter dem Führer der Trojaner Lavinia als Frau bestimmt haben, gehorchte ich dem heiligen Willen der Götter noch nicht. Daher bin ich der Urheber vieler Leiden und großen Unheils für deine und meine Gefährten. Haben wir nicht genug Schmerzen und Grausamkeit gesehen? Wird es etwa mir armem alten Mann bestimmt sein, all die Meinen getötet zu sehen? Können wir das Elend unserer Völker ertragen? Ich bitte und flehe dich an: Überwinde deinen Zorn und meide den Kampf mit Äneas!"

Seite 29 ‹

10. Jener berühmte Romulus war der erste König der Römer und zugleich der Gründer Roms. Unter seiner Herrschaft war der römische Staat stark und groß geworden. Aber die Größe dieses Staates war noch nicht von Dauer, weil die Römer wegen des Frauenmangels die Bevölkerungszahl nicht vermehren konnten. Diese Schwierigkeit kannte Romulus genau. Daher bat er durch Gesandte die benachbarten Stämme jener Gegend immer wieder und ließ eine Rede folgender Art halten: „Der Anfang unseres Staates war klein. Sowohl mit Hilfe der Götter als auch durch unsere eigene Tüchtigkeit haben wir ihn vergrößert und ihm großen Ruhm verschafft. Mit derselben Tüchtigkeit werden wir sein Ansehen vermehren, wenn wir eine genügend große Anzahl Menschen haben werden. Kommt also selbst in diesen Staat, gebt eure jungen Frauen der Jugend dieses Staates!"
Weil jedoch diese Stämme jene von Romulus erbetene Hilfe verweigerten, wandte Romulus folgende List an. Er ließ großartige Spiele zu Ehren Neptuns vorbereiten und lud alle Menschen der benachbarten Staaten zu diesen ein.

Seite 32 ‹

11. Die Erinnerung an die Vorfahren stand bei den Römern immer in höchsten Ehren. Da nämlich die Vorfahren, wie die alten Schriftsteller oft berichten, durch Tapferkeit, Bescheidenheit, Rechtskenntnis und Ansehen das römische Reich geschaffen und den Ruhm des Reiches vermehrt hatten, gaben sich alle Geschlechter des römischen Volkes Mühe, die Erinnerung an die Leistungen der Vorfahren immer wieder wachzurufen.
Daher stellten die Familienväter Bilder oder Büsten berühmter Männer ihres Geschlechts im Atrium auf, damit die ganze Familie jene Männer betrachten konnte und ihre Leistungen immer im Gedächtnis behielt.
Aus demselben Grund war es alte Sitte der römischen Geschlechter, ein Begräbnis mit höchstem Pflichtgefühl zu begehen. Beim Leichenzug zeigte nämlich der Familienvater Bildnisse der Vorfahren allen Bewohnern des Staates, um sowohl jenen ein Beispiel hervorragender Tüchtigkeit zu bieten als auch dem eigenen Geschlecht höchsten Ruhm zu verschaffen. Vor allem ihre Kinder ermahnten sie immer, an eigener Tüchtigkeit die Vorfahren zu erreichen oder zu übertreffen.

12. Nicht selten rief der Familienvater seine Söhne im Atrium zusammen, um ihnen von den Taten und dem Charakter der Vorfahren zu erzählen, wie zum Beispiel mit Worten folgender Art: › Seite 34
„Wer von euch kennt diese zwei Männer nicht, deren Bildnisse mitten im Atrium stehen? Dieser Mann, dessen Haupt mit einem Kranz geschmückt ist, war Konsul und Führer römischer Legionen. Er rettete den Staat, der sich in einer höchst gefährlichen Lage befand, und erregte nicht nur durch seine Klugheit, sondern auch durch seine Körperkraft die Bewunderung aller Soldaten, die unter seinem Befehl standen. Als einmal schlimme Vorzeichen gemeldet worden waren und die Bewohner sich in großer Angst befunden hatten, befreite derselbe Mann die Heimat, die er liebte, von der Gefahr, die der Heimat drohte. Auch jenem Mann, den ihr neben diesem seht, schulden wir größten Dank. Als nämlich in alter Zeit unter den Ständen des Staates ein so verderblicher Kampf entbrannt war, dass der eine Stand gegen den anderen bereits zu den Waffen griff, gelang es jenem Mann, der sowohl großes Ansehen als auch Klugheit besaß, diesen Kampf zu verhindern.
Sowohl dieser wie jener Mann, die das römische Volk in jener Zeit Retter des Staates nannte, sind bis zur heutigen Zeit Glanzlichter und Zierde unseres Geschlechts."

13. Als Heereszüge keltischer Stämme im 5. Jh. v. Chr. das hohe Gebirge der Alpen überwunden hatten und das Gebiet, das diesseits und jenseits des Po lag, von ihnen schon verwüstet wurde, wurden alle Völker Italiens von großer Angst erfüllt. Von ihnen schickten die Clusiner, als sich der feindliche Heereszug ihrer Stadt näherte und die Bewohner deswegen sehr erschreckt wurden, Gesandte nach Rom, um Hilfe gegen die Feinde zu erbitten. Die Römer verweigerten zwar die Hilfe, schickten aber selbst Gesandte zu den Kelten. Diese sprachen etwa auf folgende Weise: › Seite 36
„Im Namen des römischen Volkes, eines Geschlechts von tüchtigen Männern, kommen wir zu euch, weil die Clusiner von eurem Stamm belagert werden. Von ihnen werden wir gebeten, sie mit höchsten Kräften zu unterstützen. Obwohl ihr durch keinerlei Unrecht der Clusiner verletzt werdet, werden diese Menschen von der Angst vor einer verderblichen Katastrophe erfüllt. Daher verkünden wir euch: Unsere Freunde werden von uns mit Gewalt und Waffen, ja sogar mit unserem Blut geschützt werden. Wenn ihr bereit seid, Frieden zu schließen, wird ein Krieg vermieden werden, wenn nicht, werdet ihr von unseren Streitkräften besiegt werden."

Seite 38 ‹

14. Die Kelten antworteten auf das, was die Gesandten der Römer verlangt hatten, auf trotzige Art. Hierauf griffen die Gesandten entgegen dem Völkerrecht zu den Waffen und töteten in einem hitzigen Kampf den Führer der Kelten. Da rüsteten die Kelten, von heftiger Wut erfüllt, zum Krieg und führten einen gewaltigen Heereszug nach Rom. Brennus, der trotzige König der Kelten, gelangte in einem so schnellen Marsch in das Gebiet der Römer, dass die Bewohner eine schreckliche Niederlage fürchteten.

Und tatsächlich, beim 11. Meilenstein, wo die Allia in den Tiber mündet, war die ganze Gegend voll von wilden Feinden; in einer grausamen und schrecklichen Schlacht wurde ein Teil der tapferen römischen Soldaten getötet, die übrigen gelangten unversehrt nach Veji, eine benachbarte Stadt.

Die Kelten, die durch diesen schnellen Sieg verwirrt waren, befürchteten zuerst eine Falle der Römer; als sie sich aber den gewaltigen Mauern Roms näherten und keinen Feind erblickten, drangen sie kurz vor Anbruch der Nacht in die Stadt ein.

Seite 40 ‹

15. Inzwischen waren die Bürger der ganzen Stadt von gewaltiger Panik erfüllt, weil sie die angreifenden Scharen der Feinde mit ihren ziemlich schwachen Kräften und zu wenigen Männern von der Stadt nicht abwehren konnten. Daher fassten jene äußerst tapferen Menschen, da sie die schrecklichste Katastrophe befürchteten, einen tollkühnen Plan. Sie beschlossen nämlich, sowohl die jungen Männer wie auch die kräftigsten der Senatoren mit Frauen und Kindern auf die Burg und das Kapitol zu schicken. Außerdem trugen sie den Priestern auf, die öffentlichen Heiligtümer vor der Gefahr, die der ganzen Stadt drohte, zu schützen.

Die alten Männer dagegen, deren Körper recht schwach waren, waren bereit, allein die Scharen der angreifenden Feinde zu erwarten. Mit dem schönsten Gewand bekleidet, saßen sie ruhig in ihren Häusern. Und als die Kelten die todernsten Greise im Atrium sitzen sahen, hielten sie sie für götterähnlich. Eine so große Würde lag auf den Gesichtern der Greise. Als aber einer von den Kelten den ziemlich langen Bart eines alten Mannes streichelte, schlug jener Greis mit seinem Stock auf den Kopf des streichelnden Kelten. Da töteten die Kelten, von heftigstem Zorn entbrannt, alle Greise, zerstörten alle Häuser mit Feuer und schonten keinen Menschen in der Stadt.

Die Römer, die von der Burg aus die brennende Stadt sahen, hatten niemals zuvor eine schrecklichere Niederlage erlebt als die, die sie mit eigenen Ohren und Augen sahen.

16. Obwohl die Kelten die Burg ziemlich heftig angriffen, wurden sie von den Römern, die heldenhaft und sehr erbittert kämpften, immer wieder abgewehrt. Besonders aber durch Hunger und Durst wurden die Soldaten auf beiden Seiten heftig gequält, die Kelten sogar von einer Seuche. › *Seite 42*
Außerdem war der Erdboden durch die Brände so sehr erhitzt, dass ein sanft wehender Wind nicht nur den trockenen Staub, sondern auch die heiße Asche aufwirbelte.
Von so großen Übeln elend gequält, schlossen Kelten und Römer sehr schnell einen Waffenstillstand. Auch wenn die Römer öfter Brot in die Stellungen der Feinde geworfen hatten, um den ziemlich bitteren Hunger zu verheimlichen, konnten sie ihn trotzdem in kürzester Zeit nicht mehr aushalten; daher waren sie zu einem äußerst schändlichen Frieden bereit. Die Kelten forderten recht hochmütig, dass ihnen eine gewaltige Menge Gold gegeben werde. Nachdem aber die Kelten falsche Gewichte herbeigebracht hatten, wehrten sich die Römer standhaft dagegen; Brennus aber warf zu den Gewichten sein Schwert hinzu, wobei er sehr barsch rief: „Wehe den Besiegten!"

17. Angesichts dieser Katastrophe des römischen Staates wäre die Lage schlecht gestanden, wenn nicht der Diktator Camillus innerhalb weniger Tage nach Rom gekommen wäre. Sofort stellte er starke Streitkräfte in Kampfordnung auf und besiegte die Kelten, die durch die neue Lage verwirrt waren, mühelos. Das Lager der Feinde wurde erobert und nicht einmal ein Bote der Niederlage zurückgelassen. › *Seite 44*
Camillus kehrte triumphierend in die Stadt zurück und wurde Vater des Vaterlandes und zweiter Gründer des Staates genannt. Weil er aber die religiösen Bräuche sehr gewissenhaft einhielt, befahl er, dass alle zerstörten Tempel von neuem aufgebaut, die Heiligtümer des römischen Volkes in die Stadt zurückgebracht und die capitolinischen Spiele jedes Jahr an einem bestimmten Termin veranstaltet werden sollten, weil Jupiter, der Beste und Größte, den Staat vom Verderben befreit, dem römischen Volk neue Hoffnung gegeben und seinen Wohnsitz und die Burg im Unglück so gut bewahrt hatte.

Seite 45 ❮

18. Zur selben Zeit wurden die Bürger von den Tribunen leidenschaftlich ermahnt, nicht in den Ruinen der Stadt zu bleiben, sondern nach Veji überzusiedeln. Da Camillus sah, welche Gefahr der Stadt drohte, hielt er etwa folgende Rede:

„Den Rat der Volkstribunen, Quiriten, halte ich für ziemlich schändlich. Dennoch würde ich lieber schweigen, wenn dieser Rat dem Vaterland nicht schadete. Es nicht zu retten ist für andere schimpflich, für mich ein Frevel. Haben wir etwa den Staat befreit, um jetzt nach Veji auszuwandern? Wisst ihr nicht, wie oft die Gottheit den römischen Staat unterstützt hat?

Überlegen wir Glück oder Unglück unseres Staates! Alles war glücklich, wenn wir den unsterblichen Göttern gehorcht hatten, alles unglücklich, wenn wir uns um sie nicht gekümmert hatten. Seht ihr nicht, welch großes Unrecht wir verüben, wenn wir unsere Heiligtümer in eine fremde Stadt hinüberschaffen?

Lasst uns auch an die alten Tempel und an die Priester denken, die jene Tempel pflegen! Vertreibt nicht die Götter und Priester aus der Stadt! Zerstört nicht die heiligsten Kulte des Staates! Ihr, Tribunen, habt immer im Gedächtnis: Diese Auswanderung, die ihr den Bürgern anratet, wäre für uns recht erbärmlich und schändlich, für die Kelten aber ziemlich ruhmvoll. Die Kelten hätten nämlich als Sieger uns als Besiegte aus der Stadt verjagt. Welcher Frevel wäre es, wenn wir auswanderten!

Dies alles möge euch, Quiriten, bewegen, an eurem alten Wohnsitz zu bleiben und für die Heiligtümer und Wohnsitze der Götter zu sorgen. Lasst uns immer in ihrer Obhut und Fürsorge sein! Dieser Tag sei ein neuer Anfang unseres Staates!“

Bewegt durch diese Rede, billigten die Bürger die Meinung des Camillus.

19. Im 3. und 2. Jh. v. Chr. hatten die Römer mit den Puniern mehr als 100 Jahre lang äußerst erbittert gekämpft. Nachdem die römischen Heere in drei schrecklichen Kriegen die Streitkräfte der Punier besiegt und Karthago zerstört hatten, gehorchten die meisten um das Mittelmeer wohnenden Völker der römischen Herrschaft. Vor allem die obersten Beamten, wie zum Beispiel die Konsuln, hatten sich in diesen Kriegen größten Reichtum erworben. › Seite 47
Nach der Rückkehr in die Heimat gaben sie sich dem Luxus und Gewinnstreben hin, bauten Villen mit größtem Aufwand im Ausmaß von Städten und hatten nur das im Auge, den Gewinn ihres Reichtums zu vermehren. Aber um das Schicksal derer, mit deren Hilfe sie zahlreiche Angriffe der Feinde abgewehrt und die schlimmsten Schicksalsschläge ausgehalten hatten, kümmerten sie sich nicht. Daher war in den Händen weniger Leute der meiste Reichtum, die meisten Bürger dagegen hatten die lebensnotwendigen Dinge nicht.
Vergeblich mahnten mehrere kluge Männer, die eine große Unruhe für den Staat befürchteten, den Senat und die Beamten, nicht zu hochmütig zu sein. In der Zahl jener Männer befand sich Tiberius Gracchus. Dieser hatte, während er in Spanien kämpfte, die schändlichsten Niederlagen des römischen Heeres und zugleich die Arroganz der Beamten erlebt. Als er nach Rom zurückgekehrt war, trat er an die Öffentlichkeit.

20. Nachdem Tiberius Gracchus mit Zustimmung aller Plebejer zum Volkstribun gewählt worden war, wiegelte er mit sehr scharfen Worten die Menge der armen Bürger auf: › Seite 49
„Was für ein äußerst erbärmliches Leben habt ihr! Welche Traurigkeit sehe ich in eurer Miene! Haben nicht selbst die schwächsten Lebewesen einen Platz, wo sie wohnen können? Euch aber gehört, obwohl ihr Herren des ganzen Erdkreises genannt werdet, nicht einmal der kleinste Teil der Erde. Eure alten Häuser sind zerstört, neue Häuser könnt ihr nicht bauen. Habt ihr etwa in den Kriegen so tapfer wie möglich gekämpft, damit sich in den Häusern dieser Reichen da noch größerer Luxus befindet? Für euch dagegen, dem weitaus ärmsten Teil des Staates, besteht zu Hause größte Not, eine üble Lage und eine viel üblere Aussicht. Ihr könnt eure täglichen Arbeiten nicht mehr verrichten, weil ihr keine Geldmittel habt und von keinem Reichen unterstützt werdet. Lasst uns den Hochmut der Reichen nicht länger hinnehmen!"
Dem römischen Senat gefielen derartige Worte nicht. Und die Senatoren gaben, da sie den Aufruhr der Plebejer für höchst gefährlich hielten, dem obersten Beamten den Auftrag, mit allen Mitteln so schnell wie möglich dem Aufruhr ein Ende zu machen. Tiberius wurde mit einer kleinen Schar von Gefährten in tapferem Kampf getötet.

Seite 51 ‹

21. Römische Historiker, wie Livius oder Sallust, berichten an mehreren Stellen, aufgrund welcher Sitten, durch welche Männer und mit welchen Eigenschaften im Frieden und im Krieg das römische Reich geschaffen und vergrößert wurde.
Aus bescheidenen Anfängen war die Stadt Rom, wie jene Schriftsteller berichten, in kurzer Zeit ein starker Staat geworden. Denn alle, die damals in Rom wohnten, sorgten mit Fleiß, Gerechtigkeit und Einmütigkeit für den Staat. Niemals fürchteten sie sich vor Gefahren, die sie vorausgesehen hatten, niemals hatten sie Angst um ihr Leben, sondern erreichten alles, was für den Staat von Nutzen war und seinem Wohl diente, mit höchster Tüchtigkeit: Tapfer traten sie den Feinden entgegen, gerne kamen sie Verbündeten zu Hilfe und leisteten den Nachbarvölkern viele gute Dienste. Außerdem strebten die jungen Leute immer nach Ruhm, übten sich im Gebrauch der Waffen, beneideten niemand um seinen Ruhm, sondern versuchten, die anderen an Tüchtigkeit zu übertreffen: Die Tüchtigkeit, wie Sallust sagt, hatte alles bezwungen.
Nachdem aber fast alle Völker, vor allem Karthago, bezwungen waren, da begünstigte das Glück den Staat nicht mehr. Denn für dieselben Leute, die sich einst als sehr tapfer erwiesen hatten, waren Frieden und Reichtum verderblich. Reichtum bedeutete nämlich Ehre, Armut wurde als Schande angesehen; niemand mäßigte sich in seiner Überheblichkeit und Habgier. Luxusartikel wurden aus allen Ländern eingeführt. Auf dem ganzen Erdkreis, vor allem in Athen, Korinth und Karthago, wurden Scharen von Sklaven gefangen und nach Rom gebracht. Alle Orte zu Lande und zu Wasser erforschten die Römer, um sich feine Speisen zu beschaffen.
Für die Römer wäre es von größerem Nutzen gewesen, wenn sie diesen Lastern nicht nachgegeben hätten. Sie waren im Begriff, sich ins Verderben zu stürzen.

22. In jener Zeit wäre Cäsar umgekommen, wenn ihm nicht seine Freunde und Verwandten, die sich mit Bitten an Sulla wandten, geholfen hätten. Dieser zeigte sich gnädig und sagte zu den Freunden Cäsars: „Cäsar soll ungeschoren davonkommen! Aber nehmt euch vor diesem jungen Mann in Acht! Er wird der Gruppe der Optimaten sehr schaden; denn in Cäsar stecken viele Leute wie Marius." › Seite 55
Hierauf ging Cäsar, der mit den verbrecherischen Taten Sullas nicht einverstanden war, nach Kleinasien. Dort nahm er an mehreren Kämpfen teil, in denen er nicht selten große Risiken auf sich nahm. Als er nach Rom zurückgekehrt war, bemühte er sich auf jede Weise darum, zu den höchsten Beamtenrängen möglichst schnell zu gelangen. Daher übernahm er alle Tätigkeiten, die seinen Interessen nützen konnten. Wenn er an Prozessen teilgenommen hatte, um manche Männer von hohem Ansehen anzuklagen, riefen seine Redegewandtheit und sein Mut bei allen, die anwesend waren, Bewunderung hervor. Während er niedere Ämter leitete, kam er besonders den Armen, denen Geldmittel fehlten, durch Spenden und Getreide gern zu Hilfe. Auf diese Weise erwarb er sich, indem er vielen half, eine so große Sympathie beim Volk, dass er den Plan fasste, sich um das Konsulat zu bewerben.

23. Als die Optimaten von den Plänen Cäsars erfahren hatten, wollten sie auf jede Weise verhindern, dass Cäsar zum Konsul gewählt wurde. Er aber, der sowohl durch die Mittel des schwerreichen Crassus als auch durch das Ansehen des Feldherrn Pompejus unterstützt wurde, erreichte das, was er immer gewollt hatte. Außerdem schloss er mit jenen Männern ein Bündnis, dass nichts im Staat passieren sollte, was die drei Männer nicht wollten. › Seite 57
Nach seinem Konsulat verwaltete er etwa zehn Jahre lang die Provinz Gallien. Unter seinem Kommando wurde ganz Gallien erobert, ja er überschritt sogar zweimal den Rhein, weil er die Germanen angreifen wollte. Dadurch wurden das Ansehen und die Beliebtheit Cäsars gesteigert. Als er sich aber zum zweiten Mal um das Konsulat bewerben wollte, gerieten die Senatoren, vor allem Pompejus, der sich auf die Seite des Senats schlug, in Aufregung und forderten, dass Cäsar sein Heer entlassen solle. Cäsar wusste freilich genau, welche Pläne seine Gegner fassen wollten; daher kehrte er so schnell wie möglich nach Italien zurück und gelangte an den Fluss Rubikon, der die Grenze Italiens bildete. Dort sagte er, während er kurz nachdachte, zu seinen Leuten: „Habt keine Angst! Sogar jetzt noch können wir umkehren, wenn ihr das lieber wollt. Ich befehle keinem, mit mir zu ziehen, obwohl er nicht will. Auch ich will lieber Frieden haben als Krieg führen. Wenn wir aber den Fluss überschritten haben, wird es einen furchtbaren Bürgerkrieg geben." Als sich aber plötzlich günstige Vorzeichen gezeigt hatten, sagte Cäsar: „Lasst uns gehen, wohin die Vorzeichen der Götter und das Unrecht der Feinde es wollen. Der Würfel ist gefallen."

Seite 59 ‹

24. Herodot berichtet, dass das Reich des Polykrates tagtäglich gewachsen ist. Aus den Büchern jenes Historikers erfahren wir, dass Polykrates sehr viele Inseln und Städte erworben und mit mehreren Königen, unter ihnen mit Amasis, dem König der Ägypter, Bündnisse geschlossen hat. Daher glaubten alle damaligen Menschen, dass er der glücklichste von allen sei; auch Polykrates war selbst überzeugt, dass niemand glücklicher sei als er.
Doch als Amasis gesehen hatte, dass Polykrates von niemandem an Glück und Reichtum übertroffen wurde, beschloss er, dem König folgenden Brief zu schicken:
„Freund, mit großer Freude sehe ich, dass du glücklich bist. Dir stehen viele Schätze zur Verfügung und werden zur Verfügung stehen, wenn dir die Götter gewogen sein werden. Mögest du immer glücklich sein und mögen dir die Götter beistehen! Denn oft habe ich erfahren, dass die Götter durch das große Glück von Sterblichen gereizt werden. Strebe nicht nach allzu großen Zielen! Ich rate dir, nicht zu viel Reichtum zusammenzuholen. Wenn du diesen Rat nicht verachtest, hoffe ich, dass du von den Göttern nicht bestraft werden wirst und dass die Götter durch deinen Reichtum nicht gereizt werden."
Erschreckt durch diese Worte, versprach Polykrates, dass er die Götter nicht reizen werde. Aus seinem Schatz suchte er den wertvollsten Ring heraus und warf ihn ins Meer. Doch ist bekannt, dass derselbe Ring im Bauch eines Fisches von einem Fischer gefunden wurde. Da wusste Amasis, dass die Götter das Geschenk des Königs verschmäht hatten und niemals aufhören würden, Polykrates zu hassen. Daher wandte er sich von seinem Freund ab. Wir wissen, dass Polykrates wenige Jahre später grausam umgekommen ist.

25. In jener Zeit sagte man, Krösus sei der reichste und glücklichste von allen Menschen. Daher kamen viele Männer, die man für sehr weise hielt, nach Sardes, um mit Krösus über das Glück der Menschen zu diskutieren. Auch Solon, einer von den sieben Weisen, war damals zufällig anwesend. › *Seite 63*
Krösus soll ihn, weil er ihn für den weisesten hielt, zu sich gerufen und gefragt haben: „Solon, man sagt, du seist der weiseste von allen Menschen. Sag mir, wer dir der glücklichste zu sein scheint." Er hoffte nämlich, dass er vom Philosophen genannt werde.
Aber Solon nannte den Athener Tellus den glücklichsten, wobei er sagte: „Tellus zog hervorragende Söhne auf, sorgte aufs Beste für seinen Staat und starb im Kampf für die Heimat." Solon gab Krösus, der fragte, wer nach Tellus der Zweite sei, zur Antwort: „Kleobis und Biton, die Söhne einer Priesterin aus Argos. Als nämlich ihre Mutter in einem Heiligtum, das ziemlich weit entfernt war, an einem Opfer teilnehmen musste, legten diese jungen Männer, weil die Ochsen noch nicht da waren, ihre Kleidung ab und zogen selbst den Wagen. Als sie zum Heiligtum gelangt waren, soll die Mutter von der Göttin erbeten haben, was für ihre Söhne das Beste sei. Darauf legten sich, wie man überliefert, die Männer, erschöpft von den Strapazen, zur Ruhe und wurden am Morgen tot aufgefunden."
Der gereizte Krösus soll Solon gefragt haben: „Warum hast du mir diese Männer vorgezogen?" Darauf antwortete Solon: „Krösus, das, was du hören willst, kann ich nicht sagen, bevor ich weiß, dass du dein Leben aufs Beste beendet hast. Ich weiß, dass die Götter schon gegen viele, denen sie sehr gewogen waren, äußerst hart vorgegangen sind. Dein Leben liegt in der Hand der Götter."

26. Es ist bekannt, dass Solon den Athenern, die untereinander erbittert kämpften, sehr viel genützt hat. In jener Zeit nämlich war der Staat der Athener in zwei Teile geteilt: Auf der einen Seite besaßen wenige Reiche, die aus adligem Geschlecht stammten, alle Felder und verwalteten alle Ämter, auf der anderen Seite waren sehr viele Arme, da sie von großen Schulden bedrückt waren, entweder in Schuldhaft genommen oder in die Sklaverei fortgeschleppt worden. Außerdem waren die Armen, da sie kein Geld hatten, von Ämtern oder Staatsgeschäften ausgeschlossen. › *Seite 65*
Als es schien, dass ein Bürgerkrieg nicht mehr verhindert werden konnte, wurde Solon, da er wegen seiner Erfolge im Krieg von beiden Seiten geschätzt wurde, zum höchsten Beamten gewählt. Die Bürger waren nämlich überzeugt, dass Solon keine Seite begünstigte.
Um für das Gemeinwohl zu sorgen und die schwächeren Bürger vor den mächtigeren zu schützen, erließ Solon daher, wie überliefert wird, folgendes Gesetz: Wenn die Rechte irgendeines Bürgers verletzt werden, soll es jedem Bürger, falls er kann oder will, erlaubt sein, den, der ein solches Verbrechen begangen hat, vor Gericht zu laden. Solon hoffte, dass die Bürger, indem einer dem anderen zu Hilfe komme, mit dem Staat enger verbunden sein würden.

Seite 68 ‹

27. Nach der Schlacht bei Marathon gaben die Athener Miltiades eine Flotte von 70 Schiffen, damit er die Inseln, die die Barbaren unterstützt hatten, unterwerfe. Die meisten zwang er, zu ihrer Pflicht zurückzukehren, einige eroberte er gewaltsam. Da er von diesen die Insel Parus nicht durch Worte zurückgewinnen konnte, führte er seine Truppen aus den Schiffen, schloss die Stadt mit Belagerungsanlagen ein und schnitt sie von jeglichem Nachschub ab, darauf rückte er mit Schutz- und Schirmdächern näher an die Stadtmauern heran. Plötzlich geriet ein Wald fern auf dem Festland durch irgendeinen Zufall in Brand. Die Parier schreckten im Glauben, ein Zeichen sei von der Flotte des Perserkönigs gegeben worden, vor der Kapitulation zurück. Miltiades aber kehrte aus Furcht vor der Ankunft der Flotte nach Athen unter großer Anfeindung seitens seiner Mitbürger zurück.
Er wurde also wegen Hochverrats angeklagt, weil er, obwohl er Parus hätte erobern können, vom König bestochen worden und daher unverrichteter Dinge abgefahren sei. Zu diesem Zeitpunkt war er krank infolge der Verwundungen, die er bei der Belagerung von Parus erlitten hatte. Daher sprach, weil er selbst für sich nicht reden konnte, sein Bruder Stesagoras für ihn. Nachdem der Fall gerichtlich untersucht worden war, wurde er von der Todesstrafe freigesprochen und mit einer Geldstrafe belegt, und diese Entschädigungssumme wurde auf 50 Talente festgelegt. Weil er aber eine solche Menge Geld im Augenblick nicht zahlen konnte, wurde er ins Staatsgefängnis geworfen und verstarb dort.

28. Themistokles wurde als ganz junger Mann von seinem Vater enterbt, weil er sein Vermögen mehr als recht und billig vernachlässigt hatte. Sobald er begriffen hatte, dass diese Schmach ohne höchsten Einsatz nicht getilgt werden konnte, widmete er sich ganz dem Staat. Oft nahm er persönlich an Versammlungen teil, keine wichtigere Sache wurde ohne ihn durchgeführt. › *Seite 70*

Nachdem die Perser bei den Thermopylen Leonidas und seine Gefährten niedergemacht hatten, eilten sie nach Athen und steckten die Stadt, die Burg und die Tempel in Brand. Schockiert über diesen Brand, wollten die meisten Matrosen, die bei Salamis voller Angst die Ankunft der Feinde erwarteten, die Flotte verlassen. Da widersetzte sich Themistokles als einziger diesem Plan und sagte: „Die Griechen werden alle zusammen den Persern ebenbürtig sein, zerstreut aber werden sie untergehen." Doch als er einsah, dass sie nicht zurückgehalten werden konnten, wandte er eine List an.

In der Nacht schickte er einen von seinen Sklaven, den zuverlässigsten, den er hatte, zu König Xerxes, damit er jenem melden sollte: „Die Griechen werden aufhören zu kämpfen, sie sind schon auf der Flucht. Wenn sie in verschiedene Richtung abgezogen sind, wirst du den Krieg nur mit ziemlich großer Mühe beenden und gezwungen sein, sie einzeln anzugreifen. Wenn du aber wider Erwarten schnell angreifst, wirst du sie in kurzer Zeit alle zusammen besiegen." Xerxes, der nicht wusste, was Themistokles beabsichtigte, schenkte den Worten des Boten recht bereitwillig Glauben und begann die Schlacht, aus der er als Besiegter hervorging.

Seite 73 ❮

29. Bei Sallust lesen wir, dass es kaum ein größeres Ungeheuer auf Erden gegeben hat als Catilina. Da sein Vermögen infolge Verschwendung aufgebraucht war, wurde er von einer geradezu unglaublichen Gier getrieben, einen Staatsstreich durchzuführen. Daher sammelte er von allen Seiten junge Leute, wenn er welche für seine Pläne geeignet hielt, um sich herum. Kaum einer schloss mit Catilina Freundschaft, der nicht irgendein Verbrechen begangen hatte; kurz gesagt, alle Verbrecher und niedrigen Subjekte waren Catilinas engste Freunde. Wenn aber einer, der noch ohne Schuld war, in seinen Freundeskreis geraten war, wurde er durch den täglichen Umgang sehr leicht den anderen ähnlich. Manche behaupteten sogar, Catilina habe in einer bestimmten Nacht jedem einzelnen Genossen Wein, der mit Menschenblut vermischt war, dargereicht; er war nämlich der Meinung, auf diese Weise würden seine Genossen untereinander enger verbunden.
Nachdem er aber zum zweiten Mal vom Konsulat abgewiesen worden war, unternahm er, von einer Art Wahnsinn besessen, von Tag zu Tag mehr: Er ließ Waffen in Italien an bestimmten Orten bereitstellen, ließ sein Geld nach Fäsulä zu einem gewissen Manlius schaffen, hetzte Menschen jeglicher Art, sogar einige Frauen, auf und gewann sie für sich. Schließlich strömten alle, die irgendeine Schandtat von zu Hause vertrieben hatte, nach Rom sozusagen wie in eine Gosse zusammen.

Seite 76 ❮

30. Nachdem Kaiser Claudius durch einen heimtückischen Anschlag Agrippinas ermordet worden war, wurde Nero zum Kaiser ausgerufen. Wir wissen, dass zu Beginn seiner Regierung Agrippina beschlossen hatte, viele Männer ohne Wissen Neros ermorden zu lassen. Sie glaubte nämlich, dass niemand, wenn jene getötet seien, Nero im Wege stehen könne. Trotzdem schien jener Kaiser als junger Mann eine glückliche Regierung anzutreten, da der Präfekt Burrus und der Philosoph Seneca den jungen Mann lenkten. Doch schon mit Beginn der Herrschaft entbrannte ein Machtkampf zwischen Nero und seiner Mutter, wobei Hass und Anfeindung beider von Tag zu Tag zunahmen. Und als Britannicus durch einen Giftanschlag aus dem Weg geräumt war, bekam Agrippina, die vorher niemals vor Anschlägen und Mord zurückgeschreckt war, Angst, selbst vom Sohn umgebracht zu werden. Und tatsächlich traf Nero Vorbereitungen zum Muttermord.
Auf den Rat eines Freigelassenen hin beschloss er, seine Mutter durch einen vorgetäuschten Schiffbruch zu töten. Doch als dieses Verbrechen fehlgeschlagen war, beauftragte Nero denselben Freigelassenen, den frevelhaften Mord auszuführen, ohne dass Seneca und Burrus ihn daran hinderten.

31. Unter der Regierung Neros wurde bekanntlich die Stadt Rom durch einen verheerenden und schrecklichen Brand verwüstet. Allerdings ging damals das Gerücht, dieser Brand sei für Nero recht gelegen gekommen; schon lange nämlich bemühte er sich darum, einen riesigen Königspalast für sich allein errichten zu lassen. Da nun fast die ganze Stadt in Asche gelegt war, konnte er daher das, was er schon immer geplant hatte, auch gegen den Willen des Senats durchführen. › Seite 78
Doch während Nero den Palast und andere Bauwerke mit gewaltigem Aufwand errichten ließ, verschworen sich mehrere Senatoren und Ritter, die von den Schandtaten Neros besonders angewidert waren, auf Veranlassung eines gewissen Piso untereinander gegen Nero und arbeiteten nur auf das eine Ziel hin, den verhassten Nero zu beseitigen. Nachdem auch der Prätorianerpräfekt gewonnen war, entschlossen sich die Verschwörer, Nero anlässlich der Zirkusspiele umzubringen.
Aber bekanntlich wurde die Verschwörung durch die Unvorsichtigkeit eines der Verschwörer verraten. Dieser hatte nämlich am Tag vor dem Anschlag seinem Freigelassenen befohlen, einen Dolch herbeizubringen und zu wetzen, außerdem Wundverbände herzurichten. Der Freigelassene aber schöpfte Verdacht, als sein Herr derartige Befehle gab. In der Hoffnung, durch den Verrat seines Herrn werde ihm viel Geld und Macht gegeben, teilte er Nero alles, was er wahrgenommen hatte, ohne Wissen seines Herrn mit. Wegen einer solchen Treulosigkeit empfand er keine Scham.

32. Aus dem, was die alten Historiker überlieferten, kann leicht eingesehen werden, dass die Römer viele und verschiedene Gründe hatten, Kriege zu führen und Völker zu unterwerfen. › Seite 81
Nach dem Sieg über Hannibal und der Unterwerfung Karthagos hatten die Römer großes Interesse daran, das Reichsgebiet auszudehnen, indem sie einen Krieg nach dem anderen führten. Sie ließen keine Gelegenheit verstreichen, gewaltige Beute zu machen, und zeigten sich zuweilen beim Siegen, Zerstören und Plündern ziemlich brutal. Vor allem nachdem viele Siege über die Feinde errungen und wunderschöne Städte erobert waren, brachten sie große Scharen von Gefangenen nach Rom, wo sie teuer oder billig gekauft werden konnten.
Schon in damaliger Zeit behaupteten manche, dass sich die Römer nur dadurch, dass sie täuschten, raubten und Schrecken einjagten, den ganzen Erdkreis unterworfen hätten. Dagegen versicherten die Römer immer wieder, sie seien auf nichts anderes bedacht als darauf, durch die Verteidigung der Verbündeten oder durch die Abwehr der Feinde den Interessen der Heimat zu dienen.
Doch denken wir an jenes Wort des Laktanz: „Wie sehr das Nützlichkeitsdenken von der Gerechtigkeit abweicht, lehrt gerade das römische Volk, das sich, indem es durch die Fetialen Kriege ankündigte, rechtmäßig Unrecht verübte und immer fremdes Eigentum begehrte und raubte, den Besitz des ganzen Erdkreises verschaffte."

Seite 85 ‹

33. Im 2. Jh. v. Chr. unterwarfen die Römer, wie wir vorher vernommen haben, viele Völker und Könige. Obwohl sich diese im Kampf als sehr tapfer erwiesen hatten, entgingen sie der Niederlage nicht, wie z. B. Perseus, der Sohn Philipps, des Makedonenkönigs. Dieser hatte den Plan gefasst, seinen Bruder durch eine ungerechte Beschuldigung zu beseitigen, um nach dem Tod des Vaters die Herrschaft allein zu übernehmen. Nach der Ermordung des Bruders folgte er seinem Vater nach und schloss mit mächtigen Stämmen Bündnisse. Dies erschreckte den römischen Senat sehr. Daher begann der Senat, zum Krieg gegen Perseus zu rüsten. Doch die römischen Feldherrn machten, nachdem sie einige Schlappen hinnehmen mussten, im Krieg keinen Fortschritt. Wegen dieser Umstände erhielt L. Ämilius Paullus, ein Mann mit größter Erfahrung in der Kriegsführung, das Kommando über das römische Heer, um diesen Krieg zu beenden. Ihm gelang es tatsächlich, durch ein schnelles Durchstoßen der Schlachtreihe einen Sieg über Perseus zu erringen, den König gefangen zu nehmen und ihn nach Rom mit vielen Gefangenen zu bringen. Beim Triumphzug des Ämilius wurde Perseus in Fesseln allen, die anwesend waren, gezeigt und darauf in das Staatsgefängnis geworfen. An diesem Ort soll er durch Entzug von Schlaf getötet worden sein.

Seite 87 ‹

Übung 1

iniuste arguendo
Gerund, durch Adverb erweitert
durch ungerechte Beschuldigung

patre mortuo
Abl. abs., nominale Wendung
nach dem Tod des Vaters

fratre interfecto
Abl. abs.
nach dem Tod des Bruders

vir bellum gerendi peritissimus
Gerund, durch Objekt erweitert
ein in der Kriegsführung sehr erfahrener Mann

aciem celeriter percutiendo
Gerund, durch Adverb + Objekt erweitert
durch schnelles Durchstoßen der Schlachtreihe

Aemilio triumphante
Abl. abs.
beim Triumphzug des Ämilius

interfectus esse dicitur
NcI
er soll getötet worden sein

34. Bis heute finden sich Gelehrte, die unterschiedlicher Auffassung sind, ob Hannibal oder Scipio größer war. › *Seite 88*
Manche ziehen Hannibal dem Scipio vor, weil jener, nachdem er die Römer angegriffen hatte, vier Siege über ein, wenn auch zahlenmäßig überlegenes Heer der Römer errungen hat. Doch Hannibal, der viele Jahre in Italien unbesiegt war, sah sich, weil ihm von der Heimat keinerlei Hilfe geschickt worden war, gezwungen, seine Truppen nach Afrika überzusetzen, wo er bei Zama eine vernichtende Niederlage erlitt.
Es gibt auch andere, die Scipio rühmen, weil er die Heimat, die viele Jahre die Schrecken und Katastrophen eines Kriegs hatte aushalten müssen, von der Angst vor den Puniern befreit hatte. Daher wurde Scipio, nachdem er den Sieg bei Zama errungen hatte, aufs höchste geehrt.
Doch nach Kriegsende fügten die Bürger, wie Livius überliefert, beiden Unrecht zu. Hannibal wurde, da er besiegt worden war, verbannt; über sein Lebensende werden wir unten berichten. Auch Scipio soll, obwohl er die Puniergefahr beseitigt hatte, der Anfeindung seiner Bürger nicht entgangen sein. Denn in Rom fehlte es nicht an Leuten, die seinen Ruhm schmälern wollten. Von diesen luden ihn zwei Volkstribunen auf einen bestimmten Tag vor Gericht, an dem sie ihn mehr aufgrund von Verdächtigungen als Beweisen wegen Bestechung anklagen wollten. Vor allem ärgerten sie sich darüber, dass er sich beim Reden und Handeln ziemlich arrogant gezeigt habe. Sobald der Termin gekommen war, erreichte Scipio, indem er seine hervorragenden Leistungen offen zur Schau stellte, dass er die Sympathie der Bürger gewann. Trotzdem zog sich jener Mann, weil er den Neid und die Auseinandersetzungen mit den Tribunen vorhersah, aufs Land zurück, um sich einem Prozess zu entziehen.
Auf dem Land verbrachte er sein Leben ohne Sehnsucht nach der Stadt. Wie es heißt, hat er befohlen, dass er genau an dem Ort, wo er sterbe, bestattet und dort ein Grabmal errichtet werde, damit das Begräbnis nicht in Rom stattfinde.

Übung 2

› *Seite 93*

sunt alii, qui … efferant: konsekutiver Sinn
Scipionem, qui patriam … liberavisset: konzessiver Sinn
non defuerunt, qui … minuerent: konsekutiver Sinn
ille vir, qui invidiam prospiceret, rus se recepit: kausaler Sinn

Seite 93 ‹

Übung 3

Nachdem das Versteck Hannibals verraten war, schickte der Senat Gesandte zu Prusias, die seine Auslieferung fordern sollten. Und jener verriet, obwohl er durch das Gastrecht verpflichtet war, den Gesandten eine Möglichkeit, Hannibal zu fassen, um den Römern einen Gefallen zu erweisen.
Während dieser Vorgänge bei Prusias hielt sich Hannibal in seinem Haus mit einem Sklaven auf. Jener hatte, weil er immer ein solches Ende seines Lebens vorausgesehen hatte, sieben Ausgänge aus dem Haus machen lassen, um jederzeit für sich eine Fluchtmöglichkeit offen zu halten.
Da erhielt er vom Sklaven die Mitteilung, dass das Haus von vielen Bewaffneten umzingelt sei. Weil nun also jede Hoffnung auf eine Flucht vereitelt war, schickte er seinen Sklaven weg, damit er das schon lange vorher bereitgestellte Gift bringen solle. Daraufhin soll Hannibal, da er begriffen hatte, dass er von Prusias hintergangen wurde, Folgendes gesagt haben: „Lasst uns dem römischen Volk eine lang dauernde Sorge nehmen! Aber einen großartigen Sieg wird Flamininus über einen waffenlosen und verratenen Feind nicht davontragen." Nach diesen Worten trank er das Gift.

Seite 94 ‹

35. Adherbal allerdings und alle, die sich auf seine Seite schlugen, fürchteten, obwohl sie in der Mehrheit waren, nichtsdestoweniger, beseitigt zu werden; denn sie hatten den Verdacht, Jugurtha wolle mit allen Mitteln die Herrschaft über Afrika erringen. Aus Empörung über die Pläne und Verbrechen Jugurthas plante also Adherbal, auch wenn er Gesandte nach Rom geschickt hatte, die sich beim Senat über Jugurthas Taten beschweren sollten, selbst mit seinem Feind im Waffengang zu kämpfen. Denn im Vertrauen auf die zahlenmäßige Überlegenheit seiner Soldaten war er der Meinung, jener könne von ihm besiegt werden. Doch die Sache ging anders aus, als er geglaubt hatte. Nach der Niederlage flüchtete er sich nach Rom, um sich zu schützen und Hilfe zu erbeten.
Nachdem Jugurtha ganz Numidien in seine Gewalt gebracht hatte, fürchtete er den Zorn des römischen Volkes und bemühte sich mit aller Kraft, die Sympathie der meisten Römer zu gewinnen. Aus diesem Grund erhielten Gesandte von ihm den Auftrag, mit Gold und Silber nach Rom zu reisen; er wies sie an, nicht zu zögern, alles, was sie konnten, durch Versprechungen und Bestechung zu bewerkstelligen. Diese Hoffnung trog Jugurtha nicht. Denn mehrere sehr einflussreiche Männer, die die Geschenke des Königs nicht verschmähten, traten an Einzelne aus dem Senat heran und setzten sich dafür ein, dass sie nicht allzu sehr zürnten. Sobald sich also die Gesandten ihrer Sache sicher genug waren, wurde an einem festgesetzten Tag beiden Parteien eine Anhörung beim Senat gewährt.

Übung 4

› Seite 96

AcI: *Iugurtham … potiturum esse* (2); *illum … vinci posse* (6)
NcI: *legati … iussi sunt … proficisci* (11)
Pc: *indignatus* (4); *confisus* (6); *se tutaturus … precaturus* (7); *aspernantes* (14)
Abl. abs.: *clade accepta* (7); *die constituto* (16)
Gerund: *pollicendo et largiendo* (12)
Objektsinf.: *moliebatur … contendere* (5); *cunctarentur … parare* (12)

36. Nachdem Adherbal und die Gesandten Jugurthas die Kurie verlassen hatten, spalteten sich die Senatoren bei der Beschlussfassung in zwei Gruppen. Während nämlich ein großer Teil des Senats von Jugurthas Gesandten bestochen war, waren nur wenige der Ansicht, Adherbal müsse geholfen und der Tod seines Bruders von ihnen bestraft werden. Es siegte im Senat jener Teil, der glaubte, Reichtum sei der Gerechtigkeit vorzuziehen, und der sich unter Zurückweisung der Worte Adherbals für Jugurtha einsetzte. › Seite 97

Daher schickten die Senatoren Gesandte nach Numidien, um das Reich unter den Brüdern aufzuteilen. Jugurtha wurde, da er jede Gelegenheit zur Bestechung der römischen Gesandten genutzt hatte, der bessere Teil Numidiens zugestanden. Doch nachdem die Gesandten nach der Teilung des Reiches nach Rom zurückgekehrt waren, richtete Jugurtha, in der Meinung, in Rom sei stets alles käuflich, seine Aufmerksamkeit darauf, Adherbals Reich zu erobern, und wagte es, jenen, obwohl er ein Freund des römischen Volkes war, anzugreifen. Als jener eingesehen hatte, dass er notgedrungen die Herrschaft entweder aufgeben oder mit Waffengewalt verteidigen müsse, kam er, durch die Notlage gezwungen, zu der Auffassung, er müsse Jugurtha angreifen, und ließ Truppen aufstellen.
Als aber seine Soldaten geschlagen und verjagt waren, begab sich Adherbal in eine Stadt, um auf Hilfe des Senats zu warten. Schließlich lieferte er sich auf den Rat der Stadtbewohner Jugurtha aus, im Glauben, das Ansehen des Senats werde ihn schützen. Doch Jugurtha ließ ihn unter Foltern hinrichten. Da erst waren die Römer der Meinung, dass sie Krieg führen müssten.

Seite 101 ‹

37. Nachdem Cäsar eine Versammlung anberaumt und die Hauptleute aller Ränge hinzugezogen hatte, tadelte er sie heftig:
„Hätte ich doch diese mir eben überbrachten Meldungen nicht gehört! Niemals hätte ich geglaubt, dass römische Soldaten auf die Geschichten von Kaufleuten hin ihren Feldherrn im Stich lassen. Es hätte nicht viel gefehlt, dass ich glaubte, ich würde ein Heer von Feiglingen und Angsthasen anführen.
Schämt euch, an meiner Tüchtigkeit und Umsicht zu zweifeln! Mögen die Germanen, sozusagen vom Wahnsinn getrieben, Kaufleuten oder derartigen Menschen Schrecken einjagen, mögen ihre Augen funkeln, was gibt es für einen Grund, weshalb sich römische Soldaten fürchten müssten? Soll ich euch sagen, wie oft unsere Vorfahren die größten Scharen von Germanen, obwohl sie äußerst erbittert angriffen, durch Standhaftigkeit und Tapferkeit niedergeworfen haben, oder soll ich euch an den jüngsten Sieg erinnern, den ihr unter meiner Führung über die Helvetier errungen habt?
Wer dürfte zweifeln, dass im selben Krieg gegen die Helvetier meine Umsicht wie auch mein Glück für euch höchst nützlich waren? Habt also keine Angst! Mögen die Feigen und Ängstlichen nach Hause gehen oder wohin sie wollen: Allein mit der 10. Legion, an der ich nicht zweifle, werde ich die Feinde angreifen!"
Nach dieser Rede hätte man sehen können, auf welch wunderbare Weise die allgemeine Stimmung umgeschlagen und größtes Verlangen aufgekommen war, den Krieg zu führen.

B Vertiefung an Originaltexten

1. Anwesend sind die Bewohner Athens, wo, wie man glaubt, menschliche Bildung, Wissenschaft, Gottesverehrung, Feldfrüchte, Rechte und Gesetze entstanden und in alle Welt verbreitet worden sind; um den Besitz ihrer Stadt gab es, so ist überliefert, aufgrund ihrer Schönheit sogar einen Streit unter den Göttern; diese Stadt besitzt ein so hohes Alter, dass man glaubt, sie habe aus sich selbst ihre eigenen Bürger hervorgebracht, und dass das Land zugleich ihre Mutter, Ernährerin und Heimat genannt wird, ferner genießt sie ein so hohes Ansehen, dass der beinahe schon völlig gebrochene Ruhm Griechenlands vom Ruhm dieser Stadt lebt. › *Seite 105*
Anwesend sind die Bewohner Spartas, ein Staat, dessen bewährte und berühmte Tapferkeit, wie man glaubt, nicht nur von Natur aus, sondern durch eiserne Zucht gekräftigt wurde; diese Menschen leben als einzige auf dem ganzen Erdkreis schon über 700 Jahre lang nach ein und denselben sittlichen Grundsätzen und stets unveränderten Gesetzen.
Anwesend sind viele Gesandte aus ganz Achaia, Böotien und Thessalien, Gebiete, über die noch vor kurzem der Legat Flaccus unter dem Oberbefehl des Metellus die Leitung innehatte.

2. Als mehrere Tage im Winterlager bereits vergangen waren und er (= Galba) Getreide dorthin hatte bringen lassen, erhielt er plötzlich durch Kundschafter die Nachricht, dass aus dem Teil des Dorfes, den er den Galliern überlassen hatte, alle in der Nacht abgezogen seien und die Berge, die das Dorf überragten, von einer sehr großen Zahl von Sedunern und Veragrern besetzt würden. Dieses Vorgehen, nämlich dass die Gallier plötzlich den Plan fassten, den Krieg wieder aufzunehmen und die Legion zu überfallen, war aus mehreren Gründen geschehen: › *Seite 106*
zunächst, weil sie auf die Legion, die noch dazu unvollständig war, da zwei Kohorten abgezogen und mehrere Leute einzeln abwesend waren, die zum Proviantfassen ausgeschickt waren, wegen ihrer geringen Mannschaftsstärke mit Verachtung herabsahen;
ferner, weil sie glaubten, wegen des ungünstigen Geländes könne man, wenn sie selbst von den Bergen herab ins Tal stürmten und ihre Geschosse schleuderten, nicht einmal ihrem ersten Ansturm standhalten;
dazu kam, dass sie darüber schmerzlich berührt waren, dass ihre eigenen Kinder ihnen als Geiseln geraubt wurden, und sie fest überzeugt waren, dass die Römer nicht nur, um die Wege offen zu halten, sondern auch zur dauernden Inbesitznahme versuchten, die Alpengipfel zu besetzen und dieses Gebiet der benachbarten Provinz einzuverleiben.

Seite 107 ‹

3. Als Cäsar nach Italien abreiste, schickte er Servius Galba mit der 12. Legion und einem Teil der Reiterei ins Gebiet der Nantuaten, Veragrer und Seduner, das sich vom Gebiet der Allobroger, vom Genfer See und der Rhône bis zu den Gipfeln der Alpen erstreckt.
Der Grund, ihn dorthin zu schicken, war, weil er den Weg über die Alpen gebahnt wissen wollte, auf dem die Kaufleute in der Regel nur mit großem Risiko und gegen hohe Zölle ziehen konnten. Diesem gab er die Erlaubnis, falls er es für nötig halte, seine Legion zur Überwinterung in dieser Gegend zu stationieren.
Nachdem Galba einige siegreiche Gefechte geführt und mehrere Stellungen von ihnen erobert hatte, wurden zu ihm von allen Seiten Gesandte geschickt und Geiseln gestellt. Als es daraufhin zum Friedensschluss gekommen war, entschloss er sich, zwei Kohorten ins Gebiet der Nantuaten zu verlegen und selbst mit den restlichen Kohorten dieser Legion in einem Dorf der Veragrer namens Octodurus zu überwintern. Da es durch einen Fluss in zwei Teile geteilt wurde, gestand er den einen Teil dieses Dorfes den Galliern zur Überwinterung zu, den anderen Teil, der von ihnen geräumt und somit leer war, teilte er den Kohorten zu. Diesen Platz ließ er mit Wall und Graben befestigen.

Seite 108 ‹

4. Cäsar eilte nach Anordnung der notwendigen Maßnahmen zu dem Teil des Heeres, den ihm der Zufall anbot, um seine Soldaten zu ermuntern, und gelangte zunächst zur 10. Legion. Er ermunterte die Soldaten nur mit einer kurzen Ansprache, dass sie die Erinnerung an ihre frühere Tapferkeit bewahren, sich nicht aus der Fassung bringen lassen und dem Ansturm der Feinde tapfer standhalten sollten; daraufhin gab er, weil die Feinde nicht weiter als auf Geschossweite entfernt waren, das Zeichen zum Kampfbeginn. Und als er sich auf den anderen Flügel begeben hatte, um ihn gleichfalls zu ermuntern, traf er seine Leute schon im Kampf an.
Die Zeit war so knapp, die Feinde andererseits so kampfbereit, dass nicht nur die Zeit fehlte, die Auszeichnungen anzulegen, sondern auch die Helme aufzusetzen und von den Schilden die Überzüge abzuziehen. Zu welchem Teil einer gerade von seiner Schanzarbeit zufällig hinkam und welche Feldzeichen er zuerst erblickte, dorthin stellte er sich zum Kampf, um nicht bei der Suche nach seinen Leuten Zeit zum Kampf zu verlieren.

5. Zwei Tage später schickte Ariovist Gesandte zu Cäsar: › Seite 109
Er wolle mit ihm über die Fragen verhandeln, deren Behandlung unter ihnen begonnen und nicht beendet wurde; er solle entweder nochmals einen Unterredungstermin festsetzen oder, falls er dies weniger wolle, einen von seinen Legaten zu ihm schicken.
Am zweckmäßigsten schien es ihm, Gaius Valerius Procillus, den Sohn des Gaius Valerius Caburus, einen jungen Mann von höchster Tapferkeit und Bildung, dessen Vater von Gaius Valerius Flaccus mit dem Bürgerrecht beschenkt worden war, sowohl wegen seiner Zuverlässigkeit als auch wegen seiner Kenntnis der gallischen Sprache und weil es für die Germanen keine Veranlassung gebe, sich an ihm zu vergreifen, zu ihm zu schicken und mit ihm zusammen Marcus Mettius, der das Gastrecht bei Ariovist genoss. Ihnen gab er den Auftrag, das, was Ariovist sage, in Erfahrung zu bringen und ihm zu melden.
Als sie Ariovist bei sich im Lager erblickt hatte, schrie er in Gegenwart seines Heeres laut: Warum sie zu ihm kämen? Etwa zum Spionieren? Als sie zu sprechen versuchten, hinderte er sie daran und ließ sie in Ketten legen.

6. Welche Worte könnte man vollends finden, die der Tüchtigkeit des Gnäus Pompejus angemessen wären? Was könnte einer anführen, was jenem angemessen oder für euch neu oder irgendeinem noch unbekannt wäre? › Seite 110
Das sind nämlich nicht die einzigen Feldherrntugenden, die man gemeinhin dafür hält: Einsatz bei seinen Aufgaben, Tapferkeit in Gefahren, Einsatzbereitschaft beim Handeln, Schnelligkeit in der Ausführung, kluge Voraussicht; diese Vorzüge sind in einem solchen Maße bei diesem einen Mann zu finden, wie sie bei allen Feldherrn, die wir selbst erlebt oder von denen wir gehört haben, nicht zu finden waren.
Zeuge dafür ist Italien, das nach dem persönlichen Bekenntnis des siegreichen Lucius Sulla durch die tatkräftige Hilfe dieses Mannes befreit wurde;
Zeuge ist Sizilien, das er, als es allseits von vielen Gefahren bedroht war, nicht durch einen schrecklichen Krieg, sondern durch Geistesgegenwart befreit hat;
Zeuge ist Afrika, das, als es von gewaltigen feindlichen Truppen unter Druck gehalten wurde, schließlich von deren eigenem Blut triefte;
Zeuge ist Gallien, durch das unseren Legionen der Weg nach Spanien durch die Niedermetzelung der Gallier geöffnet wurde;
Zeuge ist Spanien, das sehr oft zahlreiche Feinde von ihm besiegt und niedergeworfen sah;
Zeuge ist immer und immer wieder Italien, das, als es unter dem Druck des abscheulichen und gefährlichen Sklavenkrieges stand, ihn, der abwesend war, um Hilfe bat – ein Krieg, der schon durch die Erwartung seiner Person ziemlich abgeschwächt, durch seine Ankunft dann ganz und gar beendet wurde.

Seite 111 ‹

7. Für die Stämme bedeutet es höchsten Ruhm, wenn sich möglichst weit um sie herum durch die Verwüstung von Gebieten Ödland ausbreitet. Dies halten sie für ein charakteristisches Zeichen von Tapferkeit, dass die Nachbarn nach der Vertreibung aus ihren Gebieten zurückweichen und keiner in der Nähe von ihnen zu siedeln wagt. Zugleich meinen sie, dass sie dadurch sicherer seien, weil die Furcht vor einem plötzlichen Einfall beseitigt sei.
Wenn ein Stamm einen Verteidigungs- oder Angriffskrieg führt, werden Behörden gewählt, die die Führung in diesem Krieg haben und Gewalt über Leben und Tod besitzen sollen. In Friedenszeiten gibt es keine gemeinsamen Behörden, sondern die Führer der Gebiete und Gaue sprechen unter ihren Leuten Recht und legen Streitigkeiten bei. Raubzüge haben keinerlei Schande an sich, die sich außerhalb des jeweiligen Stammesgebietes bewegen, und sie heben sogar rühmend hervor, dass diese zur Ertüchtigung der Jugend und zur Verringerung des Müßigganges erfolgen.
Und sobald einer von den Fürsten in der Versammlung erklärt hat, er wolle Anführer sein, und die, die ihm folgen wollten, sollten sich melden, erheben sich alle, die sowohl die Sache wie auch den Mann für gut befinden, versprechen ihre Hilfe und werden von der Menge gelobt; diejenigen aber von ihnen, die sich nicht angeschlossen haben, werden unter die Zahl der Deserteure und Verräter gerechnet, und man spricht ihnen künftig das Vertrauen in jeder Hinsicht ab.
Einem Gast Gewalt anzutun halten sie für einen Frevel; Leute, die aus welchem Grund auch immer zu ihnen gekommen sind, schützen sie vor Unrecht, sehen sie als unverletzlich an; diesen stehen die Häuser aller offen, und man teilt mit ihnen sein Brot.

Seite 112 ‹

8. Es gibt viele Gattungen von Briefen, wie du genau weißt, doch eine ist ganz sicher die, um derentwillen die Sache selbst erfunden wurde, nämlich, Abwesende zu benachrichtigen, falls es etwas gibt, was zu wissen in unserem oder in ihrem Interesse liegt. Briefe dieser Art erwartest du von mir sicherlich nicht. Für deine privaten Angelegenheiten hast du ja deine Hausschreiber und Hausboten, bei meinen Angelegenheiten aber gibt es nichts sonderlich Neues.
So bleiben noch zwei Gattungen von Briefen übrig, die mir große Freude machen, einmal die vertrauliche und scherzhafte, zum andern die ernste und gesetzte. Welcher Gattung ich mich weniger bedienen sollte, weiß ich nicht. Soll ich mit dir brieflich scherzen? Meiner Ansicht nach ist einer wahrhaftig kein Bürger, der heutzutage lachen könnte. Oder soll ich über etwas Ernsteres schreiben? Worüber könnte von einem Cicero an einen Curio ernsthaft geschrieben werden, wenn nicht über Politik? Und doch ist bei dieser Gattung meine Lage folgende, dass ich weder das, was ich fühle, zu schreiben wage noch das, was ich nicht fühle, schreiben möchte.

9. Nach Brundisium kam ich am 17. April. An diesem Tag brachten mir deine Boten einen Brief von dir und andere Boten am dritten Tag danach einen weiteren Brief. Wenn du mich bittest und ermunterst, bei dir in Epirus zu sein, so ist mir dein Wunsch sehr willkommen und keineswegs neu. Dein Vorschlag wäre zwar nach meinem Wunsch, wenn ich dort die ganze Zeit verbringen könnte; ich hasse nämlich den Betrieb, gehe Menschen aus dem Weg und kann kaum das Tageslicht sehen; diese Einsamkeit, zumal an einem so vertrauten Ort, wäre mir nicht unangenehm. Aber nur um zur Durchreise einzukehren, ist es mir erstens zu abgelegen, zweitens liegt es vier Tagesreisen von Autronius und den anderen entfernt, und drittens bist du nicht bei mir. Denn ein geschütztes Haus würde mir bei einem ständigen Aufenthalt nützen, nur zur Durchreise aber ist es für mich nicht notwendig. Wenn ich den Mut hätte, würde ich Athen aufsuchen. Und es traf in der Tat zu, dass ich den Wunsch hatte. Jetzt aber sind meine Feinde dort, wir haben dich nicht dabei und fürchten, dass sie auch jene Stadt für nicht weit genug von Italien entfernt erklären, und du schreibst auch nicht, wann wir dich erwarten können. › *Seite 113*

C Lateinlabor

Seite 118 ❮

2. Cäsar

Als diese Nachricht zu den Treverern gelangt war, machte sich Indutiomarus, der beschlossen hatte, am folgenden Tag das Lager des Labienus zu bestürmen, in der Nacht davon und führte alle Truppen in das Gebiet der Treverer zurück. Cäsar schickte Fabius mit seiner Legion ins Winterlager zurück, er selber beschloss, in der Nähe von Samarobriva mit seinen drei Legionen in drei Lagern zu überwintern, und entschied, weil so schwere Unruhen in Gallien entstanden waren, den ganzen Winter persönlich beim Heer zu bleiben.

Denn als sich die Nachricht von jenem Unglück hinsichtlich des Todes des Sabinus verbreitet hatte, hielten fast alle gallischen Stämme Rat über einen Krieg, schickten in alle Landesteile Boten und Gesandtschaften und suchten zu erfahren, welche Pläne die übrigen fassten und von wo aus der Beginn des Krieges erfolgen sollte, und hielten in verlassenen Gegenden nächtliche Versammlungen ab.

Seite 123 ❮

3. Cicero

Und das kann nämlich nicht verheimlicht werden, was nicht verborgen werden kann, sondern wir müssen offen zugeben: Wir alle werden vom Streben nach Ruhm getrieben und gerade der Beste wird am meisten von der Ruhmsucht geleitet. Selbst jene Philosophen schreiben sogar auf die Büchlein, die sie über die Verachtung des Ruhms schreiben, ihren eigenen Namen drauf: In genau dem Punkt, in dem sie eine rühmende Erwähnung und Bekanntheit verachten, wollen sie, dass über sie rühmend gesprochen wird und sie lobend erwähnt werden.

Decimus Brutus zum Beispiel, ein hervorragender Mann und Feldherr, hat mit den Dichtungen des Accius, seines besten Freundes, die Zugänge zu seinen Tempeln und Denkmälern ausgeschmückt. Sogar jener Fulvius, der mit den Ätolern unter der Begleitung von Ennius Krieg führte, hatte keine Bedenken, die Kriegsbeute den Musen zu weihen.

Daher dürfen in der Stadt, in der Feldherrn, beinahe noch in Waffen, den ruhmvollen Namen der Dichter und die Heiligtümer der Musen verehrten, Richter im Friedensgewand nicht von der Ehrung der Musen und von der Rettung der Dichter Abstand nehmen.